- المقدمة

قصه لست خائنة هي مزيج من الحب والحقد والاثنين مضاد بعض في هذه القصة احكي عن قصتين من طبقتين مختلفين اردت أطرح قضايا تلك الطبقتين الطبقة ثريه والطبقة وفقيرة اخترت المجتمع الباكستاني لتكون قصتين عنهم لان المجتمع الباكستاني لديه عادات وتقاليد صارمة تشبه العادات والتقاليد المجتمع العربي أردت أن أطرح عده قضايا مثل الخيانة والحب والعنف ضد الأطفال والمشاكل الأسرية والادمان وطرحت عده أسأل

القصة من تأليف سمر فوزي

القصة اسمها لست خائنة

الفصل الاول

- تدور القصة عن طبيب يدعى شريف خان متخصص فى امراض الصدر ينتمى الى عائلة ثرية من أكبر عائلات دوله باكستان يعيشون بمدينة صغيره بداخل باكستان والده يمتلك العديد من المصانع تزوج شريف خان منذ ثلاث سنوات ولم ينجب اطفال من سيدة تدعى ليلى بهاء الدين يبلغ شريف خان من العمر ثلاثون عام و عندما تراه من المره تتمنى أن تكون مثله فلديه من الوسامة والذكاء قدر كبير يهتم بمظهره كثيرا فكثيرا من العائلات تتمنى أن يزوجوا بنتهم لرجل مثله و عندما كانوا يذهبوا النساء ليعالجهم في العيادة يصيبوا زوجته بالعين لديه جاذبية غير عادية لديه حس فكاهيه غير عاديه كان يسافر دائما لحضور المؤتمرات العلمية وكان يذهب كل يوم لمستشفى ثم العيادة كان يريد لنفسه مجد علمى لم يهتم شريف خان بشئ في الحياة غير عمله كان لديه ثقة بالذات قوية كان وسيم متعجرف في بعض الأحيان حيث في أوقات كثيرة يظن الإنسان أن السعادة الحقيقية هي الشهره في عمله دون النظر لحجم الخسارة الحقيقة كان يعيش في بيت واسع بها كل انواع الترفيه به كل وسائل الراحة والتسلية والامان كان بيته في ارقي احياء دخل الباكستان وفى يوم من الايام كان شريف عائد الى البيت ثم فتح باب البيت واتجاه نحو غرفه النوم وإذ بزوجته تتحدث الى شخص بالهاتف وتتوسل إليه بأن يعود لها لأنها لم تشعر بالسعادة الا وهى معه وعندما سمع شريف خان المكالمة كان على وشك أن يدخل ويقتلها ولكن تعرق وتجبست ارجله عقله كان رافض أن تموت وترتح ثم حاول أن يتملك ذاته وهو يشعر بالاحتراق بداخله ولكن رأى أن القتل شئ بسيط عن ما ينوى أن يفعله بها فأراد أن يعذبها لم فعلته خصوصا بعد الاستماع لمدي سعادتها عندما تكون معه ظل يستمتع لكلامها وتوسلاتها له ويبكي لأنه شعر بمدي إهانتها له فهو كان دائما زوج مخلص ام هي دنست شرفه وسمعته وقتلت بداخله الإنسان الطيب وايقظت انسان اخر بداخله إنسان يريد يجعلها تدفع ثمن تلك اللحظة ثم خرج مسرعا من البيت حتى لا تراه لا يعرف الي أين يذهب و كيف يتجه وماذا يفعل كان يشعر بالخزي والعار حيث ان الخيانه هي السلاح الذي يذبح به المراء بدم بارد من أخطر المشاكل الاجتماعيه في جميع أنحاء العالم بسبب هذه المشاكل نري اطفال يفقدوا ذويهم يكبرون قبل الاوان و كثيرة يتغير الإنسان ويتحول إلى إنسان آخر يموت بداخله الثقة أصبح يسير في الشوارع كالمجنون كان يفكر كيف سينظر في وجها دون أن يقبل علي قتلها ثم بعد تفكير طويل قرر ان يعود الي المنزل دون يظهر لها أنه يعرف بأمر خيانتها ثم عاد بعد ذلك الى البيت وكانت زوجته نائمة نظر اليها وقرر فى لحظات أن يقتلها لكنه سوف يرحمها أن فعل فالنار التى بداخله تحرق العالم والتقط هاتفها وأخذ رقم الشخص الذى كانت تتحدث معه وظل شريف خان مستيقظا طوال الليل يسأل نفسه لماذا خانته ثم ينظر لنفسه في المرآه يحاول أن يري ما ينقصه فدائما كان لديه ثقة بالذات قوية ظل هكذا حتى جاء النهار ثم خرج مسرعا الى شخص يعرفه يعمل بأحد شركات ارقام هواتف المحمول في باكستان أراد منه معرفة صاحب الرقم وعنوانه وبعد أيام من الانتظار المميت يتصل به صديقه ويبلغه صديقه عن اسم صاحب الرقم وعنوانه وكان يدعي عمران ويعمل مهندس في احدي شركات الكهرباء ثم ذهب شريف خان لمكان عمل عمران ليري من هو وكيف يكون ثم سأل أحد العمال عنه أشار احد العمال له وبالفعل راءه رجل وسيم فكر في لحظات أن يذهب إليه ويقتله ثم وقف يفكر كيف ينتقم منه فكان يري أن الموت لهم راحه وبعدها بأيام قليله كان يسير بجانب احد المدارس وبجوارها مجمع المحاكم وكان أحد السجناء يحاول الهروب وحدث إطلاق نار فى الهواء فاختباء شريف خان بالمدرسة وتمسكت به سيدة تدعى شهرزاد كانت خائفة من إطلاق النار وظلت تحتمي به وصوت الرصاص كان يشعرهم بالقلق ثم ساعدته لاختباء في المخزن من خوفها قفلت باب المخزن كان باب المخزن من حديد وكان الشباك من سلك وعندما قفلت باب المخزن فترست قفل الباب وأصبح من الصعوبة فتح الباب شهرزاد كانت تبلغ من العمر 26 كانت من اسره فقيره كان والده يعمل فراش في هذه المدرسة وقبل وافته المنية بأيام قاموا بتوظيف بنته في تلك المدرس معلمه للغة الفرنسي كانت شهرزاد جميله مرح لديه شعور بالسعادة ورضا تزوجت من 3 اشهر كان بيت زوجها في احدي قري الصغيرة في هذه المدينة الصغيرة بداخل باكستان وكان البيت صغيره ملك للأسرة زوجها وهم من الطبقة المتوسطة توفي والد والدت زوجها قبل زوجها بفتره وظل شهرزاد وشريف خان في المخزن وسرعان ما تم القبض على المساجين ولم يكن أحد في المدرسة فجميع هرب أما هم ظلوا في المخزن يحاول الاتصال بأحد لكن لا يوجد شبكه هواتف محمول ويحاول فتح الباب لم يهتم شريف خان بان يتطلع على شهرزاد فكانت بالنسبة لشريف خان أن كل امرأة جميلة خائنة بعد ساعتان جاء حارس المدرسة ليسمع صوت الباب يدق بشده فيشعر

الحارس بالخوف الشديد وقرر الابتعاد عن الباب الا بزوج شهرزاد قد اتي لأنه قلقه عليها بسبب تأخيرها فحكي الحارس له عن ما حدث ثم ذهبوا اتجهوا نحو الصوت وصاح علي زوجته وأجابت شهرزاد عليه ثم فتح الحارس الباب ثم سرعان ما جرت شهرزاد نحو زوجها وتحمد الله ثم نظر شريف خان لهذا الرجل ليري أنه عمران ذلك المهندس الذي خانه مع زوجته وقد لاحظ شريف أن عمران لا يعرفه ثم يخرج و يأخذ عمران زوجته الي البيت و كان عمران لا يعرف شريف خان فلم تكن زوجته شريف خان تقول له على اسم أو مهنت زوجها لظروف السفر كان من السهل جدا أن يقابلها ظل شريف خان يفكر بمدي سعادة عمران وكيف يقوم باستغلال تلك الصدفة وفي اليوم التالي ذهب شريف خان لطبيب امراض نفسيه عصبية ليطلب منه دواء يعمل أعراض هلاوس سمعية وبصرية أراد أن يشعر الجميع بأن زوجته مجنونا أراد تدخل المستشفى الامراض النفسية والعصبية لمدي الدهر وهي واعيه ومدرك لتظل تدفع ثمن خيانتها مدي الدهر لم يكتفي بذلك أراد أن يشعر عمران بنفس الذي شعر به دون النظر لعواقب لم يكن يريد أن يتراجع عن خطته ابدا نار الحقد جعلته اعمي لا يراه ماذا سوف يضر حيث في بعض الأوقات يأخذنا الحقد الي اشياء لانعرف هل سوف نندم عليها في يوم من الايام أما الحياة لديها اقدار أخري

الفصل الثاني

ثم أشتري شريحة الهاتف محمول التي تباع مع بعض البائعين في الشارع بدون بطاقه التقط الهاتف المحمول واتصل بعمران وغير صوته ودعي أنه رجل رأي زوجت عمران تخونه مع الرجل الذي كان معه في المخزن يرفض عمران في البداية هذا الكلام ولكن شراره الشك اضاءات قلبه وظل عمران يفكر هل يسأل زوجته ولكن لو كانت فعلت هذا هل ستقول له الحقيقة ليس من السهل علي المراه الاعتراف بخيانته ظل يفكر حتي شعر أن رأسه سينفجر من التفكير اصعب لحظه أن تشعر أنك مغفل فالشك هو السلاح القاتل ثم استأجر شريف خان عياده بجوار المدرسة ليكون سهل ان يتقابل مع شهرزاد في اي وقت لأنه يعتقد أن زوج شهرزاد سيراقبها فأراد يراهما هم دائما يتحدثون معا فعلا عرف مواعيد العمل لها وعرف مواعيد الانصراف و الحضور و كان يراقبها وهي تجلس في حجره المعلمين كان يراها دائما مرحه يري في عيونها السعادة والقناعة كان لديها سحر غريب و كانت شهرزاد جالس في غرفته المدرسين مع اثنين من المعلمات سيده تبلغ من العمر 50عاما اسمها الهام خان والسيدة الأخرة تبلغ من العمر 35عاما اسمها شاديه عامر كان لون عيون شاديه عامر زرقاء اللون ودخلت صديقه شهرزاد لزيارة شهرزاد صديقتها اسمها خاني و حيث قدمتهم لبعض ثم سألت صديقة شهرزاد لماذا لا يوجد احد في المدرسة قالت شهرزاد انهم اجازه اخر العام و جاء السعي وقالت شهرزاد لصديقتها ماذا تريد ان تشربين قالت لا اريد اشرب اي شيء لأنها شربت قبل الحضور إليها ثم ذهب السعي ليعطي الفنجان القهوة لشاديه عامر لاحظت صديقة شهرزاد ان السعي يعطي لها القهوة في يديها ومن هنا عرفت أنها كفيفه استغربت بشده كيف تكون كفيفه تسير بين المكاتب بدون أن تتحسس بيديها كانت تخرج وتدخل أثناء جلسها دون أن تشعر أنها كفيفه قالت شهرزاد ان شاديه عامر ذات قدرات غير عاديه فهي تحفظ من أين تتجه وكيف تتجه استغربت صديقتها قالت شهرزاد ان شاديه عامر منذ نعومه أظفاره انفصل والدها عن والدتها هي في عمر6 سنوات وتزوج كل منهما وتركها عند جدتها والدت امها كانت تعيش جدتها مع خالها في بيت صغير في احد الاحياء الفقيره يتكون البيت من طابقين الطابق الاول تعيش جدتها والطابق الثاني يعيش خالها اسمه محسن لم تكن جدتها وخالها يحنوا عليها في يوم من الايام بل كانوا يعاملوها بقسوة حيث ذات يوم كان خالها يضع كوب من الشاي على الأرض وأثناء سيرها ضربت كوب الشاي بقدميها فضربها خالها بشده فكانت الوحيدة التي كانت تحاول ابعاد قسوة خالها عنها هي زوجت خالها فكانت تذاكر لها دروسها مع اولادها و في يوم حكت لها قصص عن نماذج من الناس تحدوا الظلام بالتعليم وكيف جعلهم التعليم يبصرون وان النور الحقيقي ليس نور العين فقط بل نور العقل من هنا احبت التعليم وقررت أن تحفظ مكان كل شيء في البيت وتسير وكأنها تري ورغم قسوة جدتها وخالها الا أنها كانت دائما تحاول ارضاءهم من عمر 12سنوات كانت تدخل شاديه عامر المطبخ لإرضاء جدتها حفظت مكان كل شيء في المطبخ كانت تقف وتغسل الاواني وكان كل شيء صعب في البداية على فتاة كفيفه ولكن كان لديها قدرات غير عاديه لم تكتفي جدتها بذلك فقط بل علمتها كيف تطهو الطعام كانت في البدايه تحترق من النار أثناء طهي الطعام وفي كثير من الأوقات تجرح السكين يديها ولكن كانت تخشي من قسوة جدتها لذلك كانت تحاول أن تتعلم خوفا من جدتها كانت لديها حلم بسيط أن تلعب مثل باقي الاطفال لكن اولاد خالها كانوا يتهربون من العب معها لم تأتي امها إلا مرتين في حياتها المره الاولى كانت في عمر 15عام المره الثانية عند زواجها استغربت صديقتها وسألتها وقالت هل هي تزوجت وهل لها أخوات واين والدها قالت لم يأتي والدها أبدا بعد الانفصال عن امها أما اخواته لم يأتوا بعد المره الاولى التي حضرت به أمها وكانت شاديه في عمر 15عام فكانوا أخواتها والد وبنت في عمر 6وعمر 3سنوات من تلك اللحظة لم تراهم لا تعرفهم ولا يعرفها أما زوجها فكانت اخر عام في الجامعة و جاء شاب لخطبتها ثري لا يريد من عائلتها أن يدفعون مهر وخصوصاً أن من عادات باكستان تدفع العروسه مهر وعندما جاء لخطوبتها قال إنه لا يريد مهر مما جعل خالها أن يوافق عليه ولكن شاديه رفضت لأنها شعرت أن خالها لا يعرف أي شئ عنه أو حتى سأل عنه كل الذي لفت انتباه خالها هو السيارة الفخمة والهدايا التي كان يحضره العريس لها ولخالها كان العريس يريد أن يتزوجها بسرعة بحجه أنه يخشي عليهم و علي سمعتهم من كلام الناس وكان خالها يوافقه الرأي في كل شئ الأموال اغمضت عيونه عن اشياء كثيره ولكان هي اصرت أن ينتظر حتي تنتهي الامتحانات بالفعل

وافقوا ولكن الاسف فتره الامتحانات قصيره وتزوجوا بسرعة لم يحضر اي احد من اهل العريس قال لهم أن أهله رحمهم الله وباقى اهله مهاجرين وليس له اخوات بالفعل تزوجها وكان يعاملها بكل حب وحنان اما هي عشقته لدرجة غير عاديه وشعرت أن كل الايام الصعبة انتهت لم تعود مرة أخرى وبعد أربعة أشهر طلقها غيابي بدون اي اسباب وارسل شيك بمواخر الزواج لخاله ظلت تسأل نفسها عن أسباب الطلاق طلبت من خالها أن يساعدها في البحث عنه اكتشفت انها لا تعرف عنه أي شيء قال لها أثناء جوزهم أنه يعمل تاجر و بحث خالها عنه في كل مكان لا يوجد تاجر في تلك مدينة الصغيرة التي بداخل باكستان باسمه فكان اسمه عصام مؤمن وذهبوا إلي بيت الزوجية واكتشفوا أن البيت ايجار وهو ترك البيت شعرت في تلك الفترة انها كفيفه ولم تسأل خالها عن مواخر الزواج وبعدها عرفت بأنها حامل في الشهر الثالث وحاولوا معها أن يجعلها تجهض ابنها ولكن اصرت وظلوا يسالوها كيف سوف تهتمي بطفل وانت كفيفه ولكن رفضت اجهض الطفل رغم أن اليأس تملكها كثيرا كانت تري الحياة بعيون سيده كفيفه حتي جاء لها خطاب من الجامعة تخبرها بانها تم تعينها في أحد المدارس ضمن الاوائل فتلك الظروف جعلتها لا تعرف انها نجحت من الاوائل بالفعل تم تعيينها وكانت لها صديقه تسكن بجوارها وتم تعينها معها في نفس المدرسة كانوا يذهبون معنا وعندما أنجبت بنت سمتها نور وكانت تذهب لعمل و تضع بنتها في الحضانة حتى بلغت بنتها عمر 3سنوات وذات يوم سمعت خالها يضرب بنتها وسمعت صرخات بنتها من هنا قررت ترك البيت ولم يكن معه غير مرتب البسيط ولكن زميلتها الاستاذه الهام هي ساعدتها في سكن في نفس العمارة التي تعيش فيها غرفه وحمام ومطبخ باجر بسيط وسألتها صديقه هل الاستاذه الهام هي التي تجلس بجوارها الان قالت شهرزاد نعم والان بنتها نور تبلغ من العمر 11عام أما الذهب والهدايا تركها في بيت جدتها في تكره اي شئ يذكرها بزوجها السابق وظلوا يتحدثون وبعد ذلك خرجت شهرزاد من المدرسة ليتجه نحوها شريف خان وظل يتحدث معها بخصوص حادثة المدرسة واراد أن يعرفها بنفسه بعمله لأنهم لم يتحدث مع بعض أثناء وجودهم في المخزن وأثناء الحديث رأى شريف خان زوج شهرزاد وهو مختبأ وكان شريف يحاول بروحه الفكاهيه التي يتمتع بها أن يجعلها تضحك و راها زوجها وهى مبتسمة وبعد ذلك تركت شهرزاد شريف خان ورحلت للبيت وانصرف شريف الى عيادته وكان زوج شهرزاد قد ذهب وراء شريف خان ليعرف من هو فعرف أنه يعمل طبيب بينما زوجها عمران كان يتمزق من الداخل لم يفكر شريف خان فى الضرر الذى يقع على شهرزاد فما اسهل الانتقام لم يرى أنه يضر بشرفها وهي لم تفعل أي شئ غير أنها زوجة هذا الرجل كثيرا من الناس عندما يشتعل بداخلهم الغضب لا يعرفون ماذا يضرون ينسوا الحكمة والعقل في أوقات كثيرة نتعامل مع الناس بحسن نية ولا نتوقع منهم انهم يخططون لنا مكائد فكانت شهرزاد تتعامل معه بحسن نية ،

الفصل الثالث

وبينما كانت الاستاذه الهام متجه نحو بيتها ومعه شاديه الكفيفه متجهين الي البيت راءت الناس في الشارع الذي يوجد فيه العمارة التي تسكن فيها حيث يعيشون في احد الاحياء الفقيره في تلك مدينة الصغيرة داخل باكستان شد انتباها تجمع الناس بجوار العمارة التي تسكن فيها اقتربت ظلت تقترب فجاه تغير لون وجها ولمعت الدموع في عيونها فراءت ابنها الذي يبلغ من العمر 23عاما فقد الوعي لأنه متعاطي المخدرات ظلت تنظر له والحصر تقطع قلبها وكأنها تتمنا الموت سمعت كلام الناس يقولون إن هذا الشاب الذي كان من أوائل الطالب ابن المعلم المحترم الاستاذ اسامه موسي وأمه المعلمه المحترمه الاستاذه الهام كيف حاولته المخدرات الي ضائع هكذا فكان كلام الناس يمزقها اصعب شئ أن تري ابنك الذي كنت تحلم له بمستقبل باهر ضائع هكذا وفقد الوعي دائما لأنه اذا تغيب العقل ما الذي يفرق الإنسان عن الحيوان طلبت من بعض الشباب أن يحمله على اكتافهم ودخلت بيتها وراءت زوجها يأخذ دواء الضغط الدم لأنه يشعر بارتفاع ضغط الدم بسبب أنه رأى ابنه فقد الوعي في الشارع وادخلوا الشباب ابنها الذي يدعي سراج وشكرتهم وخرجوا ووقفت ظلت تنظر لزوجها وكأنهم يتحدثون مع بعض من عيونهم ثم دخلت غرفه نومهم و دخل زوجها وراءها يقول لماذا احضرتيه قالت الناس في الخارج يتحدثون علينا بسببه قال لها كنتي اتركيه في الشارع ثم أخذت نفس عميق وقالت له هل تتذكر عندما علمنا أنه يتعاطي المخدرات هل تتذكر ماذا فعلنا حاولنا كثيرا أن نعالجه وذهبنا لكثير من المستشفيات المتخصصة لعلاج الادمان كان يهرب من هناك عندما تملكنا اليأس طردنه خارج المنزل ماذا فعل كان يسرق الناس لم نكن نعرف أنه كان يفعل هذا حتى قام بسرقة احد الجيران و اشتكي لهم عن أفعاله لذلك قرروا أن يجعلوه يعود إلى البيت يعطوه أموال لشراء المخدرات ثم جلست تبكي وقالت اصعب شئ أن تري الام ابنها الوحيد الذي كان من أوائل الطلاب في التعليم كيف اصبح هكذا ورفعت يدها لتدعوا الله عز وجل أن ينتقم من هذا الشاب الذى جعل ابنها يدمن كيف استطاع أن يكذب عليه ويقول له أنه مقويات لذكره تساعد على التركيز ضاع ابنه بسبب المخدرات حيث في أوقات كثيرة نرسم لأولادنا احلام جميله ونستيقظ علي كبوس اصعب شئ على اي ام تعطي الأموال لأبنها لشراء السم بيدها المخدرات للأسف الشديد انتشرت المخدرات في تلك مدينة الصغيرة بداخل باكستان بطريقة غير عاديه تري في الشوارع الموزعين المخدرات اطفال من عمر 12عاما يقف أمام المدارس وقري وعندما تعرفهم الشرطة يتم قتلهم ، ونفس العمارة التي تعيش فيها شاديه الكفيفة تعيش سيده تبلغ من 63عام اسمها خديجه لها بنتين متزوجين ولد واحد اسمه جلال الدين عسكري في الجيش الباكستاني حيث باكستان من الدول التي لها أعداء كثيرون مثل حربها المستمر مع الهند وغيرهم أصيب ابنها أثناء تفجير من جهة غير معلومة أصيب بغيبوبه وكانت أمه كل يوم تذهب الى مستشفى الجيش لكي تطمئن عليه وكانت خديجه قد ذهبت

الي المستشفى مثل كل يوم تقف في المستشفى أمام غرفة العناية المركزة تنظر لابنها ولكن كانت لديها ثقه قوية بأن ابنها سوف يظل يقاوم المرض من اجلها وذهبت لتسأل الطبيب عن حاله ابنها ويقول لها الطبيب نفس الحوار كل يوم أنه ابنها مازال في الغيبوبه من الصعب شفاءه وهي دائما تقول له أن ابنها سوف يسترد واعيه قريب وان ابنها هو الذي سوف يدفنها وان الله عز وجل سوف يراف بها لأن ابنها هو سندها فكان عندما يأخذ اجازه من الجيش كان يذهب ويعمل في البناء لكي يحضر أموال لشراء الدواء لها وأنها دائما تري في المنام حلم بان ابنها سوف يسترد واعيه من الغيبوبة واهل مدينة باكستان يحتفلون معها ابتسم الطبيب وقال لها امين يارب العالمين ذهب وتركها الطبيب وقال الطبيب لممرضه أنه يخشي ان توفي ابنها يصيب تلك الأم مكروه وأنها مسكينه تعتقد أن الناس سوف يحتفلون معها ولا تعرف أن الناس نتيجة للضغوط الحياة لا يشعرون بأحد ولا يحتفلون الا بالكرة الكريكت فقط ،وفي بعض الأوقات تقول لنا قلبونا واحلامنا رسائل لا نستطيع تفسيرها في البداية ولكن للأيام رأي اخر السؤال الأهم هل ابنها سوف يأتي يوم ويفيق من الغيبوبة وهل سوف يأتي اليوم ويقدر الناس ثمن تضحيه ابنها ، وفي المساء ذهب شريف خان الى البيت بعد انتهاء مواعيد العياده وقد ظهرة أعراض الأدوية على زوجته أصبحت ترى هلاوس سمعية وبصرية تسمع أصوات وترى أشخاص أصبحت لا تعرب عن شيء أصبحت امراه هامده منكسره وكان شريف خان يتظاهر أنه يخاف عليها وفى نفس الوقت أراد أن تشعر انها مجنونه كانت لديها ثقة قوية به وفي تلك اللحظة شعرت بمدي حبها له شعرت بالندم علي ما فعلته بحقه كان سبب خيانتها له هي القضاء أوقات كثيرة بمفردها مما جعله أن تكون مثل فريسة سهلة لأي صياد نساء في أوقات كثيرة عندما نشعر بالمرض يصحو بداخلنا عذاب الضمير ، و بينما زوج شهرزاد يجلس في بيته صامتا يفكر بحديث الرجل الذي كان يتصل به ويخبره بأمر خيانة زوجته ظل يفكر ولا يتحدث ضائع حاولت شهرزاد التحدث معه لكنه تركها وانصرف فتعجبت شهرزاد وظلت تفكر ماذا فعلت كيف اصبح زوجها شارد طول الوقت فهم كانوا دائما يداعبون بعضهم البعض وظلت تتذكر كيف كان دائما يغزلها و كانت تصبر نفسها بان تكذب علي نفسها بانه لديه مشاكل في العمل لذلك فهو شارد في كثير ومن الأوقات نكذب على أنفسنا ونختلق دائما أعذر خوف من معرفة الحقيقة وسؤال الأهم هل سنتحمل الحقيقة ، وبينما كانت الاستاذه إلهام تجلس في بيتها تساعد بنت شاديه التي تدعي نور في مرجعة دروسها كانت بنت شاديه ليست كفيفه ومثل امها ثم جاء اتصل تليفوني ليخبرها بأنه تم ترشيح لعمره التي قدمت عليها في المؤسسة الخيرية لرجل الاعمال عمرو شاهين فرحت كثيرا وبكت من شدة الفرحة ظلت تشكر الذي يحدثها على التليفون ثم سألته الذي يتحدث معها من تكون قال لها أنه مدير مكتب عمرو شاهين وان عليها أن تحضر غدا في الساعة 7مساء لكي تعرف ما هو المطلوب من أوراق وبعد انتهاء المكالمة التليفوني وظلت بصوت مرتفع تصيح علي الجيران سمع الجيران صياحها حتي شاديه الكفيفة واتجه شاديه اتجاه الصوت وكان الجيران علي درج العمارة سألت الناس قالوا لها أن الصوت من بيت الاستاذه الهام ونزلت شاديه مع الجيران ودقوا الجيران الباب ودخلوا البيت وكانت الاستاذه الهام تبدوا على وجه فرحه غامره وسألوها عن أسباب الصياح قالت جاء دورها في القرعه التي يقوم بعملها رجل الأعمال عمرو شاهين لعمره والحج لغير القادرين سألت شاديه كيف فقالوا لها أن رجل الأعمال عمرو شاهين يقوم كل عام بعمل قرعه لعمره والحج ونرسل الاسم والعنوان ويتحرون عنا وعندما يعرفون أنهم لم يسبق لهم بأن ذهبوا الحج أو العمرة وغير قادرين يختار عدد محدود من الناس تعمل القرعه مرتين في العام وثم سألت شاديه من هو عمرو شاهين الجميع قالوا لها أنه رجل يقوم بمساعدة الفقراء ويجهز العرائس وأنه رجل شهم للغاية كانت إلهام والجيران يحبون رجل الأعمال عمرو شاهين لدرجة غير عاديه حيث في أوقات كثيرة يرسم الناس تمثيل لبعض الأشخاص وهم لا يعرفون الوجه الاخر لهم السؤال الأهم هل هم يعملون ذلك بهدف الخير أما لأمور اخري،

الفصل الرابع

اليوم التالي كان يقف الطبيب شريف خان يراقب شهرزاد دون أن تشعر فكان دائما متوقع ان زوج شهرزاد سوف يراقبها فاراد دائما أن يؤكدا شك زوجها بها كانت شهرزاد دائماً جميله بسيطه ورغم توضع ملابسها الا انها كانت ملكه متوجه من الجمال عندما خرجت شهرزاد من المدرسة رأت شريف خان الذى اتجه نحوها وتحدث معها كان يختلق اي مواضيع يتحدث بها معتمد على الحس الفكاهي التي يتمتع بها بينما كان زوجها مختبأ يراقبها وراءهم يبتسمون ثم بعد ذلك انصرفت شهرزاد نحو بيتها لم تشك شهرزاد ابدا فيه كانت دائماً حسنه الظن في الناس أما شريف خان ذهب الى عيادته لم يكن هذا دليل كافيا لزوجها على خيانتها ولكن ملأ الشك قلبه ، وفي المساء ذهبت الاستاذه الهام معها شاديه الكفيفة ومعها بنتها نور ودخلوا قاعه واسعة وجلسوا في اول الصف منتظرين رجل الأعمال عمرو شاهين وبعد نصف ساعة جاء عمرو شاهين ودخل القاعه وجلس على المنصة وفي البداية وقف ليلقي الخطبه وأثناء حديثة وقعت عيونه بالصدفة على شاديه الكفيفة فرتبك قليلا وتعرق ثم تمسك والقي الخطبة وكان يقول إنه يحاول جهادا لمساعدة الناس وتوفير كل الاحتياجات لغير القادرين فكانت الخطبه مثل باقي الخطب التي دائما يتحدثون عن احساسهم بالفقراء ولكن كانت عيونه دائما على شاديه ولاحظ وجود بنت بجوارها وقال للناس أن أمامهم اسبوع لتجهيز جواز السفر ونزل من على المنصة ليصافح الناس الذين في القاعة مع هتفت الناس ونزل ليصافح الناس واحد تلو الآخر حتى اقترب من شاديه الكفيفة ومد يده ليصافحها قالت له الاستاذه الهام انها كفيفه وصافحها وبعدها ذهب نحو بنتها وسألها هل هي بنتك قالت نعم اسمها نور قبل رأس البنت وقال لها اين أبوها قالت متوفي ثم أكمل المصافح على باقي الحاضرين وخرج وهو متوتر

وشارد ،وفى بيت عمران زوج شهرزاد جاء اتصل تليفوني بعمران من نفس الشخص ليؤكد له خيانة زوجته فى المخزن قال له أنه سمع زوجته كانت تقول له انها لم تشعر بالسعادة الا وهى معه وقطع الرجل الاتصال لم يتذكر عمران تلك الجملة التي كانت تقولها له زوجت شريف خان فى الهاتف عندما كانت تتوسل إليه ليعود إليها لأنها لم تشعر بالسعادة الا وهي معه وثم فاض الكيل وقرر عمران أن يذهب لشريف خان في العياده ليعرف منه لماذا ينتظر زوجته أمام المدرسة وعن التليفونات التى تؤكد له خيانة زوجته و لكى يتخلص من دوامة الشك الذى وقع به والذى كاد الشك أن يقتله وفى اليوم التالي يذهب عمران لشريف خان فى عيادته ليتحدث معه عن الشكوك التي تساوره ليجد شريف خان يسخر منه لأنه يصدق هذا الهراء ثم يقول له بسخرية هل تظن مثلا انها قالت بانها لم تشعر بالسعادة الا وهى معه وظل يضحك بصوت مرتفع كانه أراد أن يؤكد له شكه وبنظرات اشبه بنظرات الثعالب وبعد أن سمع عمران تلك الجملة بدأت شكوكه تتأكد لم يكن عمران قال امامه عن تلك الجملة فتسأل كيف عرف فسأله كيف عرفت تلك الجملة فأنكار شريف وقال إنه أراد أن يمزح معه فقط ثم جري عمران مسرعا نحو البيت أراد أن يقتلها وخرج وراءه شريف لان شعر في تلك اللحظة أن سوف يقتل زوجته فخاف علي شهرزاد وشعر بالجريمة بحق شهرزاد دخل زوج شهرزاد عليها فكانت جالس في غرفة النوم وهنمار عليها بالضرب وحينئذ سالته لماذا تفعل كل هذا فاتهامه بالخيانة وبتدنيس شرفه وظل بعبارات قاتل يطعنها بشرفها تلك العبارات والجمل كانت اقوي من السيوف حتي أصبحت مهتزة تنظر له وكأنها لا تعرفه ظل يضربها وضع يديه على رقبتها ليقتلها فتلك اللحظة كانت مستلم لقدرها لم تحاول أن تدفعه أو تصده بل كانت مستلم تلفظ أنفاسها الأخيرة مستلم لموت وكأنها مرحبا للقتلها ويدخل شريف خان وينقذها ويتعاركوا معا ثم سرعان ما يطلقها قال لها سوف يخرج عندما يعود لا يريد رؤيتها ظلت شهرزاد مصدومه ظلت تسأل نفسها كيف و متي شك زوجها فيها انها لم تستطيع أن تكون مصدر لثقه زوجها ثم أخذ شريف شهرزاد اخذ حقيبة الملابس وخرجوا كانت حزينه ضائعة مستلم الاحزان والألم ثم سألها شريف خان لماذا لم تحاولي الدفاع عن حياتك نظرت له وبصوت ياس قالت شهرزاد له أنها لم تورث من اهلها مال بل ورثت السمعه الحسنه فالشرف هو التاج التي تضعه على رأسها عندما اتهامها بالخيانة شعرت انها وقعت في الطين وشعرت انها عليها تختر أما تعيش بدون شرف أما تموت فاختترت الموت ثم سألته وكأنها شكت في نفسها هل حدث شئ بيني وبينك في صمت عميق كانت الدموع تذرف من عيونها كقطرات المطر تشكي لله الواحد ثم وصل شريف خان شهرزاد بالسيارة الي البيت في قرية صغيرة بجوار مدينة الصغيرة التي بداخل باكستان كان معظم سكانها نائمون رغم الوقت لم يكن متأخر البعض الآخر من يحب سكنت بيوتهم في الليل ثم نزلت شهرزاد من السيارة وطلبت من شريف الرحيل ولكن شريف خان ظل يراقبها دون أن تشعر به وذهبت الي بيتها ودقت باب بيت اهلها فتحت امها الباب لتري بنتها باكيه تذرف الدموع من عيون بنتها كمطر الشديد اهتزت الام وكأنها أصبحت مصدومه مشتت لا تعرف ماذا حدث وسرعان ما ضمت شهرزاد امها وكأنها مثل طفله اردت الاختباء في حضن أمها وظل الباب مفتوح لم تركز الام لم يدور حولها ثم سمعت الام حديث بنتها وهي في أحضانها وكانت مصعوقه هامده تنذرف الدموع من عيونها في صمت تسمع وتتقطع من الداخل دون جدوى كان شريف خان يراقبهم من بعيد شعر بتلك اللحظه أنه ذبحهم وقتالهم بدم بارد لم تشك ولدت شهرزاد بها بل كانت لديها ثقة قوية بنتها حاولت أن تتمسك وتكون داعم قوي لابنتها حاولت أن تكون قوية من الخارج ولكن من الداخل ممزق محطم ضائعة تبكي وتتألم مذبوحه و ثم ذهب شريف خان هو يشعر بالذنب نحوهما وظل شريف خان مستيقظا طوال الليل وكانت لليلة صعبة علي الجميع ،فكان عمران زوج شهرزاد جالس في البيت يفكر بخيانة شهرزاد له لم يحسب حساب أنه سيذوق من نفس الكاس الخيانه التي ذاق منه الكثير بسببه كان عمران يعطي نفسه ألحق في دخول بيوت الآخرين دون استأذن كثير ما شتت وخرب بيوت الآخرين مستغل واسمته وذكائه باصطياد السيدات المتزوجات فكان يفضل صيد المتزوجات حتى لا يكون ملتزم بالزواج منهم فكان يري نفسه مثل طائر الذي يطير من عش الي اخر و كثيرا ما تركوا سيدات أولادهم ازواجهم من أجل أما هو فكان دائما لا يوفي بوعده لهم لم يخاف يوم من بكاء وصيحات طفل على أمه يسمعه الله عز وجل وينتقم من اجله فكم من أب شكك في نسب اولاد عندما عرفوا بخيانته زوجاتهم مثل عادل مهران ذلك التجار البسيط الذي كان يقضي يومه في السعي وراء الزرق من أجل اسرته لم يكن يعرف أن هناك أحد يحاول اصطياد زوجته حتى في يوم أخبرته اخته أنها راءت زوجته مع رجل في بيته أثناء زيارتها لها وعندما عرف ذهب عادل مهران مسرعا الي بيته راء زوجته قد هربت وتركته له الاولاد لأنها عرفت أن اخته سوف تخبره فكانت عائله زوجته مهاجرين للخارج منذ سنوات فشكك عادل مهران في نسب وأولاد لأنه ظن انها تخونه منذ زمن وقرر ان يتخل عن أولاده كانوا ثلاثة أولاد أعمارهم 10الي 6 الي 4 سنوات اصبحوا يعيشوا في الشارع عندما تشاهدهم تري أنهم كبروا قبل الاوان هؤلاء الاطفال فجاء فقدوا الأسرة والبيت والاحساس بالأمن والأمان والاحساس بالعائلة اصعب شيء يتعلم الأطفال اول درس في الحياة وفقدانهم الأسرة وان يصبحوا كبيار وهم اطفال

الفصل الخامس

، وبينما كان شريف خان جالس في بيته يفكر و يسأل نفسه لماذا يخشيء أن تعرف شهرزاد أنه السبب فيما يحدث لها لم يستطيع الإجابة على سؤاله فصوره شهرزاد هي تبكي أيقظت ضميره الذي اعتقد انه مات اسهل شيء ان تأخذ حقك ولكن السؤال الأهم هل ستتحمل عذاب الضمير، بينما كانت شهرزاد تجلس في غرفتها لم تستطيع النوم فكانت تبكي لأن

عمران لم يجعل في ذكرتها غير محاولة قتلها في تلك الليلة مسح كل الايام الجميلة لم تعد تتذكر غير اهانته كانت تبكي لأنه صدق هذا الهراء لم تكن تسال من وراء ذلك بل الأهم لديها هو كيف صدق زوجها هذا كانت امها تقف على باب غرفه شهرزاد حاولت الدخول لموستها لكن في الحقيقة امها كانت تحتاج لمن يوسيها كانت تشعر بالقهر علي حظ بنتها حيث كانت شهرزاد وحيده والديها قد توفي والدها قبل زوجها بفتره وفي الصباح وقف شريف خان أمام المدرسة ينتظر حضور شهرزاد لم تحضر وظل يوم وراء يوم ينتظرها فكان كلامها معه جعله لأول مره يثق بامرأة مره اخرى، و بينما كانت الاخت الكبير لعمران هي جارات شهرزاد أسمها شاهيناز حيث تعرف عمران علي شهرزاد أثناء زيارته إلى اخته كان عمران معرفوا عنه أنه زير نساء عندما راء شهرزاد حاول اصيدها ولكنه لم ينجاح في ذلك فكانت مختلفة فبعد عده محاولات قرر أن يتزوجها كانوا يسكنوا في قرية صغيرة في هذه مدينة الصغيرة بداخل باكستان

قامت اخت عمران بفضح شهرزاد في الشارع ظلت تهين شهرزاد أمام باب بيت شهرزاد فصرخت ولدت شهرزاد في وجها تدافع عن بنتها بصرامة ولكنها رات في عيون الناس أنهم صدقوا ان بنتها سيئة السمعة وظلت والدت شهرزاد تصرخ في الجميع وتدافع عن شرف بنتها ولكن شعرت انها لم يصدقها احد فدخلوا البيت و القهر والخزن يملأ قلوبهم وتسأل ولدت شهرزاد نفسها كيف جيرانها صدقوا بهم هذا الهراء ،وفي المساء كان قد حضر شريف خان الي البيت ولحظ أن زوجته تسوء حالاتها بسبب الأدوية التي كان يعطيها شريف خان لها لكي تعمل هلاوس سمعية بصرية لكي تشعر أنها أصبحت مجنونه بل صدقت انها مجنونه نظرت ليلى لشريف وعيونها مليئه باليأس وكأنها صدقت انها بالفعل مجنونه كانت عبارة عن اشلاء امراه محطم هامده حاولت استجمع قوتها وذهبت الي المرآه فنظرت لنفسها كأنها رأت امرأة اخري رأت وجهها بصورة قبيحه ثم بكت ثم اخذها شريف خان الي سريرها نظرت له و في لحظه صدق مع نفسها وكأنها اردت الاعتراف له قالت له انه عندما تقدم لطلب الزواج منها وعندما رأته حسدت نفسها على وسمته أحبت بشده ان تتزوجه وبعد أيام قليلة من زواجهم أصبح مشغول دائما بالعمل ويسافر دائما فشعرت انها كل ما تتمناه هو ان تراه ثم صمتت حاولت استجمع قوتها لاستكمال الحديث ولكن لم تستطيع خافت من لحظه معرفة الحقيقة لم تكن تعرف أنه يعرف سرها نظرت له والندم والبكاء يملأ قلبها تطلب أن يسامحها كانت ليلي في اصدق لحظات حياتها كانت تشعر بمدي خطيئتها عندما كانت تنظر للمرآه كانت تري قابحت افعلها كان وقوف شريف خان بجوارها يشعر بعذب ضمير قاتل ولكن شريف خان لم يكن لديه اي نيه لمسامحتها بل حملها مسؤولية عذاب شهرزاد قرر شريف خان أن يجمع أهله واهلها ليروها في هذه الحالة النفسية والعصبية عندما روائها في تلك الحالة وافقوا شريف خان علي أن تدخل مستشفى امراض نفسيه عصبية خاصه و بالفعل اخذها الي المستشفى ونظرت له هي متمسك بيده مستسلم لدخول المستشفى وكأنها اردت ان تكفر عن خطيئتها بابتسامة امراه نادم محطم تركته ودخلت غرفتها في المستشفى باردتها بنظرات تطلب العفو و شعور قوي بالندم ولم يكتفي شريف خان بذلك بل اعطي شريف خان أموال لمدير المستشفى حتي يعطيها جالسات كهرباء باستمرار أراد أن تتعذب في المستشفى الي مدي الدهر

الفصل السادس

،بينما كانت الاستاذه الهام خرجت من البيت بعد توديع زوجها وكانت تحاول أن تودع ابنها ولكن ابنها لم يشعر بوجودها بسبب المخدرات ثم ودعت الجيران وذهبت الي السيارة التي سوف تجمع الناس الذين جاءوا اسماها معها في العمره وبعدها وقفت بانتظار الاتوبيس الذي سوف يأخذهم من مدينة باكستان حتى المطار راءت أبناء الناس الذهابين معها الي العمره كيف يقبل الأبناء أيدي أهلهم ويبدوا عليهم الم الفراق أهلهم وتذكرت عندما دخلت الغرفه على ابنها لتودعه كيف كان مغيب لا يشعر بأي شئ كانت إلهام تنظر لأبناء الناس الذين معها فى العمره تلمع الدموع في عيونها في أوقات كثيرة تقصوه علينا الحياه و نتمنى اشياء هي من حقوقنا اصعب شئ أن تشعر بالحرمان من ابنك وهو على قيد الحياة وجاء الاتوبيس وأخذها الي المطار ثم سافرت الهام ،وفي المساء كان رجل الأعمال عمرو شاهين جالس في مكتبه ودخل رجل يعمل معه اسمه علي خان قال له أن شاحنه المخدرات وصلت وتم بيعها بعد وصوله بساعات قليلة وابتسم الرجل الذي يدع على خان وقال له أنه السبب الأساسي في ثقه الناس والشرطة هو الأعمال الخيرية فهي فجعلت الشرطة و الناس لديهم ثقة عمياء بك ولا يتوقع انك اكبر الموزع للمخدرات في مدينة باكستان سأله ماذا فعلت مع التجار الذين تم القبض عليهم قال له نفذت اوامرك وقتلنهم وابتسم عمرو شاهين ، في بعض الأوقات يرسم الناس تمثيل لبعض الأشخاص ونحن نعتقد أنهم يفعلون ذلك من أجل فعل الخير وليس لأغراض أخرى ، وفي اليوم التالي خرجت شاديه الكفيفة من المدرسة وكانت سياره عمر شاهين أمام المدرسة نزل عمرو شاهين من السيارة وطلب التحدث معها على انفراد وقال لها إن سيارته هناك وأنه يريد أن يتحدث في موضوع مهم جدا فكرت قليلا ثم وافقت ثم ذهبوا بالسيارة الي ارقي مطاعم هذه مدينة وحجز المطعم لهم فقط ودخلت معه وساعدها على الجلوس ثم جاء الجرسون وسألها ماذا تشربون شعرت بالتوتر وطلبت عصير الليمون ام هو طلب قهوه شعر عمرو شاهين أنها متوتر ثم ذهب الجرسون وتركهم ثم سألته شاديه ماذا تريد صمت وكأنه يريد أن يستجمع شجاعته قال لها أنه يريد أن يتزوجها وسرعان ما أجابت عليه شاديه بدون تفكير وقالت أنا لا اريد ان أتزوج قال لها عمرو شاهين لماذا قالت له شاديه أنها قررت أن تكرس حياتها لبنتها ثم جاء الجرسون وضع المشروبات وخرج وتركهم قالت شاديه له انها يجب أن تذهب وقفت ثم نداها عمرو شاهين باسم

دلع كان زوجها السابق يلقبها به هو اميرتي جلست على الكرسي وكأنها سقطت وقالت شاديه له عصام مؤمن لماذا سميت نفسك عمرو شاهين قال لها اسم الشهره الذي هو معروف به في السوق ثم شعرت بضيق في التنفس ولكنها حاولت التمسك وصمتت وانتظرت أن تسمع ماذا سوف يقول لها ثم قال عمرو شاهين لها أنه حين تركها ذهب وسافر لليونان ولم يكن يعلم متي سوف يعود لذلك تركها أنه الان يريد أن يعيش معها ومع بنته استغربت قالت شاديه له كيف عرفت انها بنتك قال أجريت تحريات عنكم وعرفت كل شئ ثم قالت شاديه هل تعرف لماذا تركت بيت جدتي لان خالي ضرب بنتي وهي عمرها 3سنوات تركت الذهب والهدايا وكل شيء منك لأني أكره اي شئ منك هل تعرف كيف امراه كفيفه تربي طفله بمفردها عندما كانت تمرض اشعر اني اموت تحملت الكثير والكثير كانت تسألني دائما عنك اقول لها والدك كان يحبك لم اخبرها يوميا أن والدها تركها وهرب لم اكن أريدها أن تشعر بنفس الشعور الذي شعرت به أنا طفله في عمرها عندما تركوني أهلي ثم قال لها عمرو شاهين أن بنته تحتاج إلى مستوى اجتماعي افضل وأنه يستطيع أن يأخذها بالقانون ثم قالت له شاديه هي غاضبه أن القاضي في النهاية انسان عندما يعرف ما فعلت لن يوافق أبدا قال عمرو لها أنه لا يريد أن يحزنها ولكن بالأموال يستطيع شراء خالها ليشهد بأنه طلقها بناء علي رغبتها ولكن لأنه يحبها يقف عجز أمامها وثم التقط الهاتف المحمول من شطنتها وسجل رقمه ثم أتصل من هاتفها على هاتفه وسجل رقمها ثم أخذت شاديه التليفون منه وقالت اخرج من حياتي قال لها ليس الأمر بيدي لم اعد استطيع ان اتحمل ألم الفراق مره اخرى ثم وقفت مد يده ليساعدها صرخات في وجه وقالت اتركني انا لا احتاج إليك مدت يدها تحاول أن تتحسس الخروج شعرت في تلك اللحظة انها كفيفه سألت جرسون وقالت له اين تكون وشرح لها الجرسون أين المكان بالضبط ولكن احساسها ان وزجها السابق يستطيع أن يحرمها من بنتها جعلها تسير في الشارع وهي ضائعه بينما عمرو شاهين وراها لأنه يخاف عليها سمعت صوت السيارات أثناء سيرها و اقتربت سياره منها وكانت علي وشك أن تصدمها وقعت على الأرض من الخوف نزل الرجل من السيارة وقال لها كيف تسير ولا تنظري يمين يسار صرخت بصوت مرتفع سامعه الجميع وقالت انا كفيفه وبكت التف حولها الناس وأخذها صاحب السيارة ليوصلها لمكان بيتها بينما كان عمرو شاهين يراقبها ويشعر بالحزن عليها ،

الفصل السابع

وفي المساء اتصل عمرو شاهين بها ليطمئن عليها أغلقت الهاتف في وجه وظلت تبكي ، أما شهرزاد قد جاءت الي المدرسة قد مر علي غيابها 10ايام من المدرسة فاتصلوا بها زميلتها خلال فتره الإجازة للاطمئنان عليها فقالت لهم أنها كانت مريضه وتحتاج إلى الراحه فعرضوا عليها زيارتها ولكن هي رفضت وكان شريف خان دائما ينتظر شهرزاد أمام المدرسة حتي حضرت ليراها كيف اصبحت حزينه لم تعد سعيدة كما كانت في السابق و كان يريد أن يكلمها ولكن لم يتجرأ أن يتحدث معها كان يقف أمام باب المدرسة يراقبها من بعيد كان لا يريد أن تعرف أنه وراء ما حدث لها سأل نفسه كثيرا لماذا يخشيء أن تعرف شهرزاد الحقيقة لم يكن يعرف حقيقة الشعور الذي يشعر به فهو لم بجربه من قبل وبعد ذلك بيومين بينما كان شريف خان يراقبها من بعيد كانت شهرزاد تستعد لخروج من المدرسة بالفعل ذهبت شهرزاد خارج المدرسة رأت عمران امامها كان وجه شاحب يميل لونه وجه لاصفر وعيونه حمراء يسألها عن سبب خيانتها له حاولت أن تأكد له انها لم تخونه لم يصدق وكان صوته مرتفع التفت الناس حولهم حتي زميلها فى المدرسة سمعوه هو يسالها لماذا خانته هو بيكي فقال عمران لها أنه كان يعتبرها الزوجة التي أرسلها له الله عز وجل لهديته وللبعد عن الشهوات و تعاطف الجميع مع بكاء عمران قال عمران لها أنه كان يحبها للدرجة الجنون ترك نزوات وشهوات الدنيا من اجلها حاولت شهرزاد كثيرا الدفاع عن نفسها ولكن لم يسمعها التفت شهرزاد رأت الناس حولها من جميع الجهات وكأنها وقعت في بركه من الطين دون نهاية وكان شريف خان وقفا يسمع الحوار فكانت تلك اللحظة التي انتظرها شريف خان كثيرا ولكن شريف خان لم يكن سعيدا ابدا بانتصاره بسبب شهرزاد بعد ذلك انصرفت شهرزاد نحو بيتها وذهبت و دخلت بيتها تحكي لامها عن ما حدث لها أنها تريد تنقل لعمل في مدرسة في مدينة اخري لا يعرفها أحد وافقت الأم لأنها شعرت أنه من الصعب العيش هنا المجتمع الباكستاني مجتمع لديه عادات وتقاليد صارمة والناس تتمسك بتلك العادات والتقاليد دون التفكير بحجم الخسارة الحقيقة في اليوم التالي ذهبت شهرزاد نحو المدرسة لتري نظرات أصحاب المحلات بجوار المدرسة شعرت شهرزاد ان تلك المسافة القصير المدرسة كأنها تحتاج لأعوام لعبور تلك المسافة و بين همزات ولمزات الناس و النظرات الاحتقار لها مثل الخناجر تقاطعها دون شفق أو رحمه ودخلت المدرسة لتري نظرات زميلها فى المدرسة البعض يصدق البعض لا يصدق لا يتحدثون أو يسألوا كل ينظر فقط وذهبت لتقديم طلب النقل لمدرسة في مدينة أخرى وسرعان ما وافقت المديرة كأنها اردت تطهير المدرسة من معلمه سيئة السمعه فتعجبت شهرزاد كانت تظن أن المديرة سوف ترفض في البدايه وطلبت منها اجازه وخصوصا انهم كانوا في اجازه اخر العام وافقت المديرة علي الإجازة في مواعيد الانصراف وخرجت شهرزاد وقابلت شريف خان وأخبرته أنه قدمت طلب نقل من المدرسة فأيديها الرأي فطلب منها تغيير رقم تليفون حتى لا يزعجها احد كان شريف خان يعتقد أن اذا سافرت شهرزاد سوف يرتح ضميره فقال لماذا لا تقومي بالإبلاغ عن عمران لأنه حاول قتلك وأنه مستعد يشهد معها فنظرت له وقالت شهرزاد له ليس من الشجاعة أن احطم عمران أكثر من ذلك أنها المسؤولة عن ما حدث له لأنها لم تدرك أن عمران كان يشك فيها ثم صمت استجمت شجاعتها قالت لا بل انها خافت من معرفته شعور عمران نحوها عندما كان دائما شارد اثناء جوزهم و أن والدها علمها التسامح وهذا ليس ضعف بل منتهى القوة أن تعفو وانت قوي ثم قال لها أن هذا ضعف فنظرت له وابتسمت

قالت له إن هذا هو منتهى القوة لكنك بإمكانك اخذا حقك وانت عفوت لأنك خفت بأن تكون ظالم ثم شكرت شهرزاد شريف خان علي وقفوا بجوارها خلال تلك المحنة وأنه لم تقابل انسان بنبل وأخلاق شريف خان و شعر شريف بالذنب نحوها أنه كأنه كان يناقش نفسه وكان لديه شعور غريب نحوها حاول أن يقاوم هذا الشعور لم يكن يعلم أن أثناء مراقبه لها أنه سيجبه أنه سوف ينجذب الي روحه الجميلة أن التعاطف والاحساس بالذنب تحول الي حب شريف خان لم يجرب في يوم معني الحب ظل ينكر ما بداخله ويحاول تجهل هذا الشعور

الفصل الثامن

وفي اليوم التالي قرر ان يذهب شريف خان الى المدرسة ويدخل حجره المدرسين ويعلم منهم أن شهرزاد في اجازه وكان حامل في يديه المصحف الشريف ليحلف للجميع على المصحف أنه لم يحدث بينه وبين شهرزاد شيء وقال لهم كيف صدقتم أن زميلتكم التي كانت معك أنها تفعل ذلك بالفعل ظلوا ينظروا لبعض وفعلا صدقوه لم يكتفي شريف بذلك بلا أراد أن إذا رحلت شهرزاد ان لا يخبروا زوجها وقال لهم انه مختل عقليا أراد قتل زوجته دون دليل واخذهم لمخزن ليروا أن من صعب روئيه ما يحدث في المخزن لان شباك المخزن مرتفع جدا وصغير مغطي بسلك مربعات صغيره جدا يصعب على المراء رؤية من في الدخل بالفعل تأكد الجميع من حديثه وذهب إلى خيلان واعمام شهرزاد يفعل معهم نفس الذي فعله في المدرسة فعلا صدقوه وجاء اتصل من صديقة شهرزاد تحكي لها علي الذي فعله شريف خان ابتسمت شهرزاد لكن ظلت الفرح ناقص لان عمران طلقيها مازال يصدق خيانتها بينما كانت أمها ذهبت لزيارة قبر زوجها تحكي لها عن ما حدث لهم قالت له أن كل الايام الجميلة انتهت بعد وفاته أن تشعر بالعجز وان جيرانها صدقوا أن بنتها سنيه السمعه واتهموا بالعار ولم يعودوا يتذكرون جيرانهم ذكريات السنوات الماضية وكيف كانوا تجمعهم بهم المودة والرحمة وأنه كانت تتمنى أن تموت بجواره لترتاح من حديث الناس أنهم سوف يتركوا القرية اليوم بكت وكأنها لم تكن تريد أن ترك قريتها بهذه الطريقة، و في جوف الليل خرجت شهرزاد مع امها حاملين اغرضهم كأنهم خائفين أن يراهم احد خرجوا دون توديع احد مثل الهربين أو الخارجين عن القانون طلبوا من السائق الذي جاء متأخر ومعه رجل لحمل بعض الأثاث طلبوا منه نقل الاثاث بدون احدث ضجيج أن يراهم احد بالفعل ركبوا السيارة اصعب احساس على الانسان ان يخرج من بلده بتلك الطريقة كانت ولدت شهرزاد تتمنى أن تموت في بلدها فهي عاشت عمره في تلك القرية الصغيرة وكانت تنام وهي تشعر بالأمن والرضا رحلوا هم امرتان دون ساند أو ظهر ثم سافرت شهرزاد لعيش في شقه خالها كانت شقه صغيره لم يكن يعرف عمران اي شيء عن شقه خالها و بعدها بأيام قليلة ذهب شريف خان إلي بيت عمران ليتحدثوا معا يستغرب عمران عندما يري شريف خان فهو لا يطيق النظر إلي وجه ليسأله لماذا حضرت ليخرج شريف خان من جيبه صوره له هو وزوجته يوم عرسهم من هنا يعرف أن عشيقة عمران كانت زوجت شريف خان من هنا عرف اجابه اسئلته وقد حكي شريف خان كل شئ كيف خطط ودبر وعن الجملة التي قاله له هي نفس الجملة التي سمع زوجته تقول له بس الفرق أن زوجت عمران كانت امرأه شريفه تعرف معني الشرف أما زوجت شريف خان رغم كل الحياه الكريمة التي أعطاها لها لم تكون شريفه كانت ضعيفة كان يتمنى أن تطلب الطلاق منه بدلا من خيانته أن شعور الخيانه أصعب شعور يشعر به الانسان بنقص واراد دائما قتلهم ولكن نار الانتقام اقوي من القتل ثم سأله هل شعرت بالأمي نظر له عمران وظل صامتا ثم تركه شريف خان وخرج في تلك اللحظه راي عمران الماضي أمام تذكر ليلى وكيف قام باصطياد راها في حفله زفاف صديق له فظل يترقبه من بعيد وسمعها تتحدث عن غياب زوجها باستمرار من هنا عرف كيف يستغل ضعفها لغياب زوجها واصبح يختلق الصدف ليتعرف عليها بالفعل أنشدت ليلى لكلامه لوسمته و للذكاء في اداره الحوار وظل معها فتره عام حتى تزوج من شهرزاد لم يكن يعلم أنه سيأتي اليوم الذي يدفع فيه ثمن خيانته لآخرين عن طريق شريف خان فلم يتوقع أن هناك أحد اذكا منه واما شريف كان يسأل نفسه لماذا كان يخاف أن تعرف شهرزاد أنه السبب لأنه لن يتحمل أن تعرف شهرزاد لأنه أحبها في وقت كان يعتقد أنه لم يعد يثق في اي امرأة اخري شريف خان كان لا يخشى من مواجهة عمران أو اي احد اخر كان يظن أنه على حق لذلك لم يخاف من مواجهة عمران فكان لديه من الشجاعة والجراء ما يكفي لمواجهة الجميع كانت مشكلة شهرزاد ان شريف احبها فأصبح يخشى معرفتها لحقيقة لو لم يكن شريف احبها لشرح عمران كل شئ عندما رآه يحاول قتلها ولكن في تلك اللحظة لم يكن يستطيع تحمل مواجهتها وانعقد لسانه وظل للأيام وايام يقف أمام المدرسة علي امل ان يراها شريف رغم انه يعرف انها تم نقلها من المدرسة

الفصل التاسع

بينما كان عمران يبحث عن شهرزاد فى كل مكان ذهب إلي المدرسة وقالوا له أنها استقلت وذهب إلى أهل شهرزاد وأنكروا أنهم يعرفون مكانها لأنهم صدقوا كلام شريف خان بأن عمران يريد قتلتها لأنه أصبح مختل عقليا حاول قتلها من قبل في يوم كان عمران يشاهد التلفاز هو شارد راء مقدم احد البرامج التلفزيونية معه طفل صغير نظر لهذا الطفل وكأنه يعرفه وتذكر أنه ابن احد السيدات التي كان يقوم باصطيادهم وان تلك المرأة تركت زوجها واولادها وشتت أسرتها من اجله وقامت برفع قضية طلاق علي زوجها من اجله حاولت أن تتزوجه ولكن هو كعادته أخل بجميع وعوده فسمع الطفل عن عمر 8سنوات يبكي ويحكي مدي قسوة والده معه وأن انتقم من أمه فيه فكان والده يعذبه حتى لاحظ الجيران ذلك وأبلغ الشرطة وانقذت الطفل من هنأ عرف عمران بمدي قذارة أفعاله الذي عان منها طفل صغير هجرته أمه وعذبه والده لان شعر أن أمه تركت له لتعيش حياتها فحمل الطفل مسؤولية هجر والدته ولأسف اصبحنا نري دائما في جميع دول

العالم ظاهره العنف ضد الأطفال نسمع عن منظمات حقوقيه ولكن نحتاج الي قوانين رادعة لتلك الظاهرة والأهم نحتاج الي الإنسانية ورحمه اصبحنا نري ام تهجر بيتها واولادها واب يحول حيات أولاده لجحيم ، وكانا الحياة اردت يعلم عمران بجميع أخطاءه أن يذوق عذاب الضمير ولو لم يكن عمران حاول اصطياد تلك السيدة لكن هذا الطفل يعيش بين ذويه و لم يتعرض لهذا العذاب من والده في أوقات يستمتع بعض الأشخاص بصيد النساء دون النظر لمدي الخراب والألم الذي يعاني منه باقي افرد الأسرة بسبب تشتت الأسرة ، اما شريف خان لم يعد يتحمل فراق شهرزاد حاول كثيرا مقاومة حبه شهرزاد لأنه ظن أنه هذا الحب هو انتقام من الله لأنه ظلم تلك المرأة فعل سافر شريف خان إلي شهرزاد وذهب الي مدرسه شهرزاد هناك واستغربت شهرزاد وسألته عن سبب حضوره فابلغها ان سبب حضوره هو العمل أنه سيفتح عياده في هذه المدينة ،

الفصل العاشر

بينما كان زوج الهام الاستاذ اسامه جلس يقرأ القرآن الكريم ودخل ابنه يطلب منه المال لشراء المخدرات لكنه صرخ في وجه ابنه يقول له أنه لا يوجد أموال أعطي كل المال لأمه لأنه يخش أن تحتاج أموال في سفرها ثم ذهب ليأخذ الهاتف ولكن والدها حاول أن يمنعه ثم مسك الشاب ذراعين والده بقوة ودافع ظهر والده في الحائط عده دفعت وسقطت الدموع من عين والده وقال له بانكسار خذ الهاتف المحمول ولا تأتي الي البيت مره اخري وأثناء خروجه مسرعا على الدرج وبدون قصد دافع بنت شاديه نور أثناء طلوعها على الدرج وقعت على الأرض وصرخت وفقدت الوعي وهي تنزف من رأسها سمعت شاديه والجيران صرخات بنتها قبل ان تفقد الوعي ركضت حتي وصلت على الدرج سمعت الجيران يتحدثون في الدور الأرضي نزلت مسرعة وسألتهم لماذا صرخت بنتي حتى حبطت قدمها بنتها مدت يدها على الأرض لترى بالذي خبط بقدميها وعندما مدت يدها عرفت انها بنتها وظلت تحضان بنتها وتسالها لماذا لا ترد وشعرت بالدم ينزف من رأسها فصرخت ثم طمنها زوج الاستاذ الهام الاستاذ اسامه قال هي فقد الوعي وأنه سوف يأخذها الي أقرب مستشفى حكومية ثم قالت لهم احد الجيران أن أقرب مستشفى على بعد أميال وان المستشفى القريبة من هنا خاصه وتحتاج لأموال كثيرة بكت شاديه من شدة خوفها علي بنتها فكانت على استعداد أن تحرق العالم بأسره في كثير من الأوقات نظرا لظروف قاسية تجعلنا نأخذ بعض القرارات القاسية بنسبة لنا طلبت شاديه الكفيفة من احد الجيران أن تحضر لها هاتفها بالفعل ذهبت أحد الجيران واحضرت هاتفها وطلبت من الاستاذ اسامه أن يأخذ الهاتف المحمول يتصل بعمرو شاهين استغربوا كل الذين معها ورغم ذلك نفذ كلامها و اتصل واعطي لها الهاتف المحمول وعندما رن جرس الهاتف المحمول وراء عمرو شاهين اسم شاديه على شاشة الهاتف المحمول رد بسرعة قالت شاديه وهي تبكي أن بنته تنزف سألها اين انتم قالت له في البيت و قال لها عمرو شاهين إن تذهب الى اقرب المستشفى خاصه واعطت الهاتف المحمول لزوج الاستاذ الهام ورد عليه وصف لهم اقرب مستشفى خاص وقال عمرو شاهين له أنه قادم وكان زوج الاستاذ الهام هو والجيران مندهشين لما سمعوا من حديث ولكن طبيعية الموقف لم تجعل احد يستطيع أن يسأل بالفعل ذهبوا وكان عمرو شاهين معهم على الهاتف وكان يركض نحو سيارته وبسرعة أمر السائق أن يذهب نحو المستشفى وأبلغه باسم المستشفى بالفعل وصلت شاديه الكفيفة الي المستشفى معها بنتها والجيران وأخذوا الأطباء الطفلة على غرفة العمليات لوقف النزيف من رأسها ولكي يتأكدون بأن لا يوجد نزيف داخلي في المخ بعد دقائق دخل عمرو شاهين وبكت شاديه وقالت له بنتك بتموت وذهب مسرعا نحو احد الاطباء ليعلم منه حالته بنته وعرف انها في غرفة العمليات لوقف النزيف ورجع عمرو شاهين نحو شاديه وكانت منهار ومسك بيدها وقال لها أن البنت سوف يتم شفائها على خير أن شاء الله عز وجل بينما كان الجيران وزوج الاستاذ الهام مندهشين ولكن الظرف ومكان لا يسمح باي أسأله شكر عمرو شاهين الجيران الذين أتوا معها وقال لهم أن هو سوف يظل معها وهو يعلم بمدي اندهاشهم ولكن الظرف لا يسمح باي اساله أو اجابات وخرجوا وتركهم وذهبت شاديه مع عمرو شاهين ليقفوا أمام غرفته العمليات وسألها عن سبب ما حدث فحكت له كل ما حدث عندما عرف السبب عرف بأنه هو السبب الأساسي في كل حدث لو لم يكن يبع المخدرات لم أصبح هؤلاء الشباب هكذا ظل صامت ثم قال لها أنه هو المسئول عن ما حدث لبنته قالت شاديه ماذا تقول كيف انت المسؤول ثم صمت حاول عمرو شاهين استجمع قوته قال عمرو لها أنه يقوم بتوزيع المخدرات على كل تجار تلك المدينة دون أن يعرفوا التجار من هو الذى يبيع لهم المخدرات انصدمت شاديه وقالت له شاديه إن بنتك في غرفة العمليات بسببك وتقوم بأعمال خيرية وأنت تقتل الكثيرون من الشباب تجعل الاطفال من عمر 12سنوات يباعون المخدرات في الشوارع وقري وللأسف الجميع يحبوك ويثقون بك ثقة عمياء ظل ثم صمتت في أوقات كثيرة يجعل لنا الله عز وجل اسباب في التوبة ولا نعرف كيف يتوبون بعض الناس على أسباب غريب كيف رجل بقوة وقسوة عمرو شاهين يضعف هكذا من خلال حادث بنته هل لأنه شعر أن بنته تعاني من أفعاله ثم حاول استجمع قوته ليكمل حديثه قرر أن يفصح عن ما قلبه في لحظه صدق قال لها أنه عندما تركها في الماضي وهرب ليس لأنها كما تعتقد زواج متعة بل لأنه تركها لأنه شعر بالضعف أمامها شعر بحبه لها سوف يضعفه فخاف على نفسه من هذا الحب فخاف على نفسه من صفاءها ونقاءها كان لديه احلام كثيرة بأن يجمع الكثير والكثير من الأموال ولكن بعد مرور الكثير من السنوات اكتشف انه لم يكن ابدا سعيد حتى راءها في الحفل الخيري شعر بسعادة غامرة ثم قالت شاديه هل تتوقع بأن أعود إليك وأنت تاجر مخدرات قال لها أنه سوف يترك هذه التجارة وخصوصا بعد ما حدث لبنته وعدها بذلك ثم صمتت شاديه حتى خرج الطبيب وقال لها أن الحمدلله لم يكن لديها نزيف في المخ فقط ارتجاج في المخ سوف يزول خلال أيام وأنه سوف تظل في العناية لفترة حتى يتم شفاءها

في أوقات كثيرة نشعر أن الله عز وجل يعطي لن فرصة لكي نبدأ من جديد بسبب ذلك الحادث عرفت شاديه أنها لم يكن زوجها تزوجها زواج متعة كانت دائما تتألم بسبب هذا الشعور شعرت بأهمية وجود زوجها معها في الوقت التي شعرت أنه عاجز فيه عندما كانت تموت بنتها أمام عيونها انها كانت تتجاهل الإفصاح بحبها له لأنه كان أول وآخر حب في حياتها فكان بينهم اوقات جميله حاولت أن تتجاهل الإفصاح عن تلك الأوقات ولكن لم تنسها ابدا أما عمرو شاهين جمع الكثير والكثير من الأموال ولكن افتقد السعادة وكان دائما قلق خائف من أن يتم القبض عليه فكانت مفتقد تلك الأيام الجميلة التي كانت بينه وبين شاديه لم ينس تلك الأيام ولكن لم يكون لديه الشجاعة ليعود لها حتى قابلها بالصدفة وفي الحفل الخيري من عرف انه مازال يحتاج لها في الأوقات كثيرة يترك بعض الأشخاص ذكره جميله في حياتنا نظل نشتق تلك الأيام وهذا ما حدث مع عمرو شاهين ظل عمره يشتق لتلك الأيام وثم نامت شاديه في الغرفه مخصص لأهل المريض وكان عمره شاهين ينام علي السرير الآخر واستيقظت في الصباح ونزلت شاديه من السرير كانت تسير فخبطت في السرير الآخر مدت يدها فعرفت أنه عمرو شاهين واستيقظ عمرو وأخذها وذهبوا إلي العناية ليطمئن عليها ومسكت شاديه يد بنتها وقبلتها كان عمرو شاهين تلمع الدموع في عيونه ثم اخرجهم الطبيب لكي يعطي لها الدواء كان شاديه صامت بينما هو كأن يريدها أن تتكلم ولكن لم يطلب منها الكلام ثم قالت له أنها توافق على الزواج منه ولكن عليه أن يواعدها بأن يترك تلك التجارة بفرحه غماره وعدها قالت له بعد أن يتم شفاء بنتهم سوف يخبرها بأمر الزواج منه وأنه هو والدها وبأن تقول لها لأنها كانت غاضب من والدها لذلك لم تخبره بأنها بآمر حملها لذلك هو لم يكن يعرف أنه لديه بنت أوقات كثيرة تدفعنا الحياة لكذب من أجل الذين نحبهم

الفصل الحادي عشر

وقد مر3 سنوات خلال تلك الفترة تزوج شريف خان من شهرزاد وفي البداية رفضته شهرزاد ولكن هو لم يأس حتي شعرت شهرزاد بمدي حبه لها و أنه دائما يساندها في كل شيء لان سبب رفضها انها تري نفسها مجرد اشلاء امراه محطم لم تعد لديها ما تقدمه له غير الوجع والألم وعدم الثقة في الرجال ولكن حبه لها كان قوي فلا يستطيع ان يمر يوم دون أن يراها وكان يحبها دون امل كان يحبها لدرجة أنه اكتفى برويتها من بعيد فلم يكن يعرف معنى الحب لم بجربه في السابق فكان زوجها من زوجته مجرد زواج اسرتين مرموقتين زواج بالعقل كان يخطط لكل شيء ويحسب كل شيء الحياه بالعقل والتفكير كان أول مره يجرب الحب بقسوة وسعادته لم يكن للحب حساب في حياته حتى تعرف على شهرزاد و حبها لدرجة أنه لم يهتم برفض اهله لتلك الزيجة فهددوه لمقطعته لمدي الحياة ولكن الحب جعله مثل الأعمى لا يري او يسمع إلا صوت قلبه لم يكن أن يعرف أن للسعادة جوانب اخري غير العمل ورغم كل محاولاته لإسعاد شهرزاد كان يشعر دائما أنها غير سعيدة فقد عشق شريف خان في شهرزاد مرحه في الماضي وروح الدعابة والمرح التي كانت تتميز فيها بالماضي وأصبح متشوق بأن تعود مرحه مثل زي قبل هل كان من السهل ان يتزوج الجلاد من الضحية كانت دائما حياته الزوجية على المحك إذا عرفت الحقيقة ستتركه ومع ذلك حب لها كان قوي جدا فانجب شريف خان بنت بعمر عام وقد تزوجها بعد عام من سافره اليها وقد مره عامين على زواجهم كان سبب رفض عائلته شريف هذا الزواج وهو اعتقادهم أن شهرزاد مجرد امراه وصوليه خانت زوجها من أجل الإيقاع برجل ثري انها امرأه سيئة السمعه لذلك لم يحضروا الزفاف

الفصل الثاني عشر

و في يوم جاء لشريف خان اتصال من أمه لحضور حفل زفاف أخته الصغيرة اسمها مني خان فلم يكن للشريف اخوات غير مني ثم فرح شريف عندما علم بزواج اخته وثم ذهب وطلب من شهرزاد حضور حفل زفاف اخته و في البدايه لم تجاوب شهرزاد قال لها شريف خان إذا لم تريد الحضور فانه ممكن أن يذهب بمفرده ولكن شهرزاد شعرت بأنها سوف يشعر بالخجل أمام أهله اذا حضر بمفرده وسرعان ما وافقت بالفعل سافروا قبل العرس بيومين معه بنته و والدت شهرزاد وذهبوا لمنزل اهل شريف وشعرت عائله شريف خان بالسعادة لرؤيته هو بنته بينما تجاهلوا شهرزاد وبرغم ذلك حاولت شهرزاد منع أي تصادم بينهم لم يأخذها شريف الي بيته حتي لا يتذكر ما حدث فظل في بيت اهله حتي موعد عرس أخته كان شريف يحاول أن يمنع أي تصادم بين أهله وشهرزاد حتي جاء يوم العرس في احد القاعات الفاخرة في هذه مدينة الصغيرة داخل باكستان ودخل العروسين القاعه واهل العريس والعروسة في القاعة كانت نظرت اهل شريف مليئة بالاحتقار شهرزاد وظلوا يتهامسوا مع بعض حتي عرف جميع من فى القاعه حكاية شهرزاد وكيف خانت زوجها تجاهلت شهرزاد نظرات الناس في القاعه وذهبت تصلح مكياجها في الحمام ذهب ورائها احد اقارب العريس كان قد سمع عنها حاول ذلك الشخص التحرش بها فضربته شهرزاد فلحظ شريف ان شهرزاد تتعارك مع احد فذهب شريف خان نحو شهرزاد وسمع اهانه شهرزاد حيث وصفها بأنها مجرد امراه سئيه السمعه خانت زوجها من أجل الإيقاع برجل ثري وأنه مجرد امراه ساقطه فتعارك معه شريف خان رأت شهرزاد في عيون شريف أنه ممكن ان يقتل من أجله فمنعته حتى لا يدمر عرس اخته وخرجت شهرزاد مسرعه من القاعه وجري وراءها شريف ليمنعها فرأها باكية و يائسة فنظرت له وطلبت الطلاق حتى لا تراه يقتل بسببها وعليه أن يتقابل حقيقه راي الناس فيها حتى لو كانت بريئة ولم تفعل شيئاً رفض شريف حديث شهرزاد لأنه لا يستطيع أن يعيش من دونها أنه يعشقها لدرجة الجنون وتراجعت شهرزاد عن طلب الطلاق

لبكاء شريف خان ودخلت معه القاعه كان يظن شريف خان ان الايام سوف تجعل الناس تنسا ما حدث لم يكن يعرف أن العار لا ينسه الناس ويورث من جيل إلى جيل في تلك اللحظة عرف مدي جريمته

الفصل الثالث عشر

وفى الصباح جمع شريف عائلته وحكي لهم عن فعلته ما تلك الفتاة وأنه انتقام من خيانة زوجها وادخلها في لعبه ليست لها شأن فيها فاستغراب اهله شريف وشعروا بالذنب اتجاها واتفق معهم أنه لا يريد أن تعرف أنه وراء ما حدث لها وفي الليل ذهب شريف الي بيت عمران أستغرب عمران عندما رأه فدخل شريف خان و جلسوا ليتحدثوا وقال شريف له أنه نادم علي اخذ حقه بهذه الطريقة ليقول عمران أنه كان يتمني ان يقتله بدلا من الانتقام الظالم وحكى شريف خان له عن زواجه من بشهرزاد أنه حاول كثيرا تجهل شعور نحوها ولكن الله ارد أن يحبه لكى يعرف مدي جريمته وسمع شريف خان صوت زوجة عمران فعرف شريف خان من عمران انه تزوج من منذ عام ونصف فقد تزوج تحت ضغط من اخته لأنه خافت عليه الاكتئاب وأنه يتمني أن تكون شهرزاد سعيدة وحكي شريف خان عن ما حدث لشهرزاد في حفل زفاف اخته أنه كان يريد ان يحكي لشهرزاد الحقيقة ولكن خاف عليها من الصدمة فاذا عرفت ستفقد الثقة بالجميع تلك المرأة تحملت الكثير لا يريد أن يدمرها وجلسوا واتفقوا علي اشياء يفعلوها معا للإصلاح ما حدث في حق شهرزاد وقرروا لأول مره أن يتفقون معا رغم كرههم لبعض ، و في اليوم التالي ذهب شريف خان إلي المستشفى الامراض النفسية والعصبية التي توجد فيها ليلى زوجته شريف خان الأول لم يطلقها لأنه أراد أن يكون المتحكم في اجراءات خروجها من المستشفى ذهب إلي ليلي وراها تتحدث مع نفسها وقف مختبأ بجوار الباب يسمعها راءها تتحدث مع نفسها واكتشف تنطق باسمه وكأنها تراه فكانت دائماً تري شريف كل ليله كانت تقضيها في المستشفى كما كانت تمني عندما تزوجته كانت دائما تتمنى أن يكون معها باستمرار كانت عاشق له تحكي له عن مدى حبها له وأن تندم على كل ما فعلتها معه وكانت تبكي كلما تذكرت خيانتها له كان شريف وقف مختبأ ولكن لم يستطيع الدخول ليراها ثم انصرف وذهب نحو مكتب مدير المستشفى كان شريف ترك الماضي وراءها عندما تزوج من شهرزاد ولكن كان يتجاهل أخرجها من المستشفى حتى يوم حفله زفاف أخته تلك الحفلة التى كانت السبب الأساسي في عدم تجهل شريف لأمور كثيرة وكان منها خروج ليلي فذهب إلى مدير المستشفى وقرر أن يعالجها من أعراض الأدوية التي أخذت منها لمدة 3سنوات أن يوقف جلسات الكهرباء واعطي المدير أموال لكي يعالجها رغم أن سامحها علي ما فعلته ولكن لم يستطيع دخول غرفتها نظر لها من بعيد وخرج وتركها ،

الفصل الرابع عشر

وبعد يومين قرر شريف اخذ شهرزاد لنزهه واثناء سير السيارة ليروا شاشه عرض مكتوب عليها اعتذر من عمران الي شهرزاد لأنه اتهمها بالخيانته دون أساس و نزلت شهرزاد من السيارة وظلت تبكي من الفرحة لان عمران عرف الحقيقة بالفعل لفت الاعتذار الذي شاشه جميع مواقع لتواصل الاجتماعي فيسبوك ليطلب احد المذيعين اجراء حديث مع صاحب الاعتذار ليحضر عمران الي احد البرامج التلفزيونية ليتحدث عن الاعتذار فسأله المذيع ما هو سبب الاعتذار فيقول انه شك في زوجته وطلقها بعد ذلك عرف أنه مقلب من احد الاشخاص كان بينه وبين هذا الشخص مشكلة في الماضي وأنه لا يريد أن يتحدث عن المشكلة من هذا الشخص ابتسم المذيع وقال له أكمل فقال عمران و رغم أنه لم يكن معه دليل صدق هذا الشخص وطلق زوجته وأنه الآن يريد يعتذر لزوجته عن ما فعله معها كانت شهرزاد جالس تشاهد التلفزيون وابكت من الفرحة فكانت سعيد بهذا الاعتذار لم تكن تريد أن تعرف من هو الفاعل بقدر أنه اردت أثبت براءتها التي ياست بأن تظهر في من الايام ، وفى نفس الوقت كان ابن الاستاذ الهام المدمن اخذ جرعة مخدرات زائدة في احد المناطق المنعزلة والمهجور من السكان شعر أنه لا يستطيع التنفس فكان يتعاطى المخدرات وهو شاب كانوا يتعاطون المخدرات معا عندما لحظ الشاب بأنه لا يستطيع التنفس عرف بسرعة ذلك الشاب الذي معه بأنه يموت فاهرب كان إبن الاستاذه الهام يحاول الاستغاثة به ولكن راء نفسه وحيد وفي ثواني معدودة راء حياته تسير أمامه كيف وقد كان وكيف اصبح وراء كل معانات أهله معه ولحظت ضرب والده لمعت عيونه بالدموع راء كيف ضاعت حياته دون أن يفعل اي شيء غير الوجع والألم لأهله أخذ النفس الاخير وافرق الحياة دون أن يشعر به احد ونفس الوقت الذي يموت مدمن يفيق من الغيبوبة ذلك الشاب الذي اصيب في الجيش الباكستاني بعد غيبوبة استمرت أربعة سنوات وكانت أمه الحاجه خديجه كل يوم تذهب الى المستشفى والطبيب يقول لها أنه من المستحيل أن يفيق من الغيبوبة وهذا هو الفرق بين الاثنين واحد استلم للمخدرات اما آخر ظل يحرب وهو الغيبوبة لعيش من أجل أمه كان دائما يشعر بها

واتصل الطبيب بالحاجة خديجه ليخبرها أن ابنها استرد واعيه من الغيبوبة دون أن تشعر وبعزم و بقوة غير عاديه صاحت من الفرحة على الجيران سمع الجيران صوتها فركضوا نحوها سألوها عن أسباب تلك الفرحة قالت لهم والفرحة تغمر قلبها إن ابنها استرد واعية من الغيبوبة فرح الجيران لها رغم أن يسكون في أفقر احياء جدا ولكن تعاطفهم معها دوافعهم أن يأتوا معها كان الحي الذي يعيشون به يوجد سائقين سيارات نقل فركبت بجوار السائق اما الجيران ركبوا في ظهر 4 سيارات نقل وظلوا يغنون اغاني وطنيه ويصفقون وأثناء سير السيارات كان الناس الذين تمر عليهم السيارات يسألون لماذا الاغاني الوطنية متعجبا لان الافراح والاعراس نغني اغاني الاعراس والافراح ثم يرد احد الجيران يقول إن تلك السيدة استرد ابنها وعيه بعد غيبوبة استمرت أربعة سنوات أثناء وجوده الجيش الباكستاني يتعطفون

معها الناس ويصفقون مع الناس في الشارع ظلت السيارات اثناء سيرهم فى الطريق يسألهم الناس وعندما يعرفون السبب يصفقون ويغنون معهم كان يدفعهم تعاطفهم مع تلك الأم يجعلهم يفعلون مثل الجيران وأثناء سير السيارات كان بعض الناس يعتقدون أن المنتخب الوطني سوف يلعب لذلك هم يحتفلون وكانوا يسألهم هل المنتخب الوطني سوف يلعب اليوم وعندما يعرفون السبب الحقيقي يفعلون مثل الجيران حتى اقتربوا من ضابط مرور وسألهم لماذا يفعلون ذلك أقترب احد الجيران وحكي له عن الدافع وراء ذلك وعندما عرف الضابط اتجاه نحو تلك الأم وقبل رأسها وصفق معهم وصفق الجميع معه وكأنهم يحتفلون معها وقلدوه الناس الذين كانوا على طريق كانت توجد سيارات مالكي تقلده الضابط في أوقات كثيرة تغلب علينا الإنسانية والتعاطف وصور احد الشباب ذلك الاحتفال الذي عملوها الناس وكأنه موكب لكن بحب الناس ونشر الاحتفال على مواقع التواصل الاجتماعي وشاهد الطبيب المسؤول عن حاله ابنها وتذكر المنام الذي كانت تقوله له وذهب الطبيب الي   غرفت ابنها في غرفت العناية ليري كيف عملوا الناس موكب لأمه من تعاطفهم معها ابتسم الشاب ، اذا احب الشعب احد وتعاطفوا معه جعلوا من حبهم له موكب حاولت أسلط الضوء عن احد الظواهر المنتشر فى جميع الشعوب هو أن كل إنسان ويظلم يأخذ حق بيده ما دون النظر لمن يضر والأهم أن تسأل نفسك هل ستتحمل الندم هل ستتحمل عذاب الضمير.

القصة من تأليف سمر فوزي

اهداء لزوجي العزيز

The story I am not a traitor is a mixture of love and hatred and the two counter-some In this story I tell about the stories of two different classes I wanted to raise the issues of those classes wealthy class and poor class I chose Pakistani society to be two stories about them because Pakistani society has strict customs and traditions similar to the customs and traditions of Arab society I wanted to ask Several issues such as infidelity, love, violence against children, family problems and addiction were raised and several were asked

The story is written by Samar Fawzi

The story's name is not a traitor

Chapter One

The story is about a doctor named Sharif Khan, a specialist in chest diseases belonging to a • wealthy family of the largest families of Pakistan living in a small city inside Pakistan his father owns many factories Sharif Khan married three years ago did not have children from a woman named Laila Bahauddin informs Sharif Khan Thirty years old and when you see it from the time wishes to be like him, he has a handsome and intelligence a great deal cares about his appearance a lot. Many families wish to marry their daughter to a man like him and when they go to treat women in the clinic affects his wife eye has an unusual attraction has an unusual sense of humor He always travels To attend scientific conferences and go every day to a hospital and then the clinic he wanted for himself a scientific glory Sharif Khan did not care about anything in life other than his work he had a strong self-confidence was handsome arrogant sometimes where in many times think that the real happiness is the fame in his work without looking In fact, he lived in a large house with all kinds of entertainment and all the amenities and entertainment and safety of his house was in the finest neighborhoods entered Pakistan and one day Sharif was returning to The house then opened the door of the house and headed towards, while his wife is talking to someone on the phone and begging him to return to her because she did not feel happy except when he was with him and when Sharif Khan heard the call he was about to enter and kill her but sweat and his legs dried his mind he refused to plunged his mind was refusing to die and relaxed and then tried to own himself as he felt the burning inside, but saw that the killing is a simple thing about what he intends to do it he wanted to torture her did not I did, especially after listening to the extent of her happiness when she was with him enjoying her words and pleading to him and crying because he felt the extent of insulting him he was always a husband loyal or is desecrated honor and reputation and killed inside the good man and awakened another human being inside him wants to make the price of that moment and then rushed out of the house So you do not see it does not know where to go and how Trending and what he was doing was shame and shame, where betrayal is a weapon A person is killed in cold blood of the most serious social problems around the world because of these problems see children lose their parents grow up prematurely and many change man and turn into another human die within him confidence has become walking in The streets, like a madman, were thinking about how he would look at a face without accepting to kill her. After long thinking, he decided to return home without showing her that he knew about her betrayal. He then returned home. His wife was asleep looking at her and decided in moments to kill her, but he will have mercy on her. The fire within it burns the world and Walt I took her phone and took the number of the person she was talking to. Sharif Khan remained awake all night asking himself why he betrayed him and then looking for himself in the mirror trying to see what he lacks. He always had a strong self-confidence. He remained so until the day came and rushed out to someone he knew working for one of the numbers companies. Mobile phones in Pakistan wanted to know the owner of the number and address and after days of deadly waiting to call his friend and his friend informs him about the name and address of the owner was named Imran and works as an engineer in an electricity company and then went to Sharif Khan to work place Imran to see who he is and how to be and then asked one of the workers About him one of the workers referred to him and already was behind a man Sim thought in moments to go to him and kill him and then stop thinking how to avenge him was he saw that death to them comforted and a few days later he was walking beside a school and adjacent to the court complex and one of the prisoners was trying to escape and there was a shooting in the air so Sherif Khan hid in the school and was held by a woman named Shahrazad She was afraid of the shooting and kept hiding him and the sound of bullets was worried and then helped him to hide in the school from her fear locked the door of the school was the door of the school was iron and the window of the wire and when she locked the door of the school, she locked the door and it became difficult to open the door Shahrazad was 26 She was from a poor family and he was He worked a guard in this school Days before his death he His daughter was employed in that teacher French language teacher Shehrazad beautiful fun has a sense of happiness and satisfaction married 3 months her husband's house was in one of the small villages in this small city inside Pakistan was a small house belonging to her husband's family They were middle-class father-in-law and her husband's mother died long before her husband and

Shahrazad and Sharif Khan remained in the school and soon the prisoners were arrested and no one was in school all escaped but they remained the school trying to contact anyone but no mobile phone network and trying to open the door did not care Sharif Khan is looking forward to Shahrazad It was for Sharif Khan that every beautiful woman traitor after two hours came to the school guard to hear the sound of the door beats strongly and the guard felt very afraid and decided to stay away from the door only the husband of Shahrazad had come because he worried about them because of the delay told the guard about what happened and then went to the voice and shouted to me His wife answered Shahrazad and then the guard opened the door and then quickly ran towards her husband and praise God and then looked Sharif Khan to this man to see that Imran that engineer who betrayed him with his wife Sharif has noted that

Imran did not know him and then go out and take Imran his wife to the house and Imran did not know Sharif Khan, his wife was not Sharif Khan tell him the name or profession of her husband for travel conditions It was very easy to meet her under Sharif Khan thinks how happy Omran and how to exploit that coincidence The next day, Sharif Khan went to a neuropsychiatrist to ask him for a drug that works for symptoms of auditory and visual hallucinations he wanted everyone to feel his wife was crazy he wanted to enter the hospital psychiatric and nervous diseases forever and she is aware and aware remain paying for her betrayal. He felt Without looking at the consequences of things The to fire of hatred made him blind, neither seeing nor hearing made him blind does not see what will hurt, where at times take us hatred to things do not know if we will regret it one day, but life has other destinies

Chapter II

Then I buy a mobile phone chip sold with some vendors in the street without a card picked up the mobile phone and contact Omran and changed his voice and claimed to be a man of His wife Imran is cheating on him with the man who was with him in the store Imran initially refuses to talk but sparked his suspicions illuminated his heart and remained Imran thinks He asks his wife, but if she did this, would she tell him the truth? It is not easy for a woman to admit his betrayal. He kept thinking that he felt his head would explode from the most difficult moment to feel like you are a fool. Anytime he thought that Shahraza's Her husband is watching it them wanted to see them are always talking together Actually knew her work schedules and knew the dates of departure and attendance and was watching her

Sit in the teacher's room always saw fun in her eyes saw happiness and conviction she had a strange magic and Shahrazad was sitting in his teachers room with two teachers His 50-year-old lady, Ilham Khan, and the 35-year-old hereafter, Her name Shady Amer were shady, and her friend Shahrazad went to visit Shahrazad, her name, Khani, where she introduced to some the quest came and said Shahrazad to her friend what do you want to drink she said I do not want to drink anything because she drank before coming to her and then went to give the cup of coffee to Shadia Amer noticed the friend of Shahrazad that the quest gives her coffee in her hands and hence she knew she was amazed how blind she is She went between the offices without feeling her hands, she was going out and entering during her sitting without feeling blind. Shahrzad said that Shadia Amer has extraordinary abilities. She is kept from where she is heading and how she is amazed. She was surprised by her friend. Shahrzad said that since his childhood, her father separated from her mother. Years and married both of them and left them at Her grandmother and her mother used to live with her uncle in a small house in a slum The house consists of two floors First floor live her grandmother and the second floor live her uncle named Mohsen was not her grandmother and uncle they yearn for her one day, but they treated her harshly where one day her uncle puts a cup From her tea on the ground and hit the cup of tea with her feet hit her uncle severely was the only one who was trying to keep away the cruelty of her uncle is the wife of her uncle was the tickets of her lessons with her children and on the day told stories about models of people defied the dark education and how education made them see and light The real is not eye light   only, but the light of mind here loved education and decided to save everything in the house and go as if you see and despite the severity of her grandmother and uncle, but she was always trying to please them from the age of 12 years was entering Shadia Amer kitchen to please her grandmother saved everything in the kitchen was standing and washing utensils Everything was difficult at first for a blind girl, but she had extraordinary abilities. Not only did her grandmother do that, but she taught her how to cook food. She first burned from the fire while cooking food and many times the knife injured her hands, but she was afraid of the cruelty of her grandmother. She learns for fear of her grandmother she had a simple dream that He played like other children, but her cousins were evading to play with her. Her mother came only twice in her life. The first time Her life the first time was at the age of 15 years the second time when she married her friend was surprised and asked her and said whether she got married and whether she has sisters and where is her father she said her father never came after separation from her mother As for his sisters did not come after the first time that her mother attended and was

Shadia at the age of 15 years they were her sisters a father and a girl at the age of 6 and 3 years old from that moment on, you did not see them, neither did you know nor know them husband was the last year in the university and a young man came to her wealthy does not want her family to They pay a dowry especially that of Pakistan habits the bride paid the dowry and when he came to her engagement he said that he did not want a dowry which made her uncle to agree to him but Shadia refused because she felt that her uncle does not know anything about him or even asked about him who drew the attention of her uncle is the luxury car and gifts that the groom was bringing to her and to her aunt He wanted to marry her quickly on the pretext that he Afraid for her reputation from the words of People and her uncle agrees with him in everything the money closed his eyes for many things and But Shadia was insisted to wait until the examinations already agreed, but unfortunately the short exams and married quickly did not atten No one from his family attended the groom have mercy on them The family of immigrants and no sisters told them that his family may already married He treated her with love and affection, but she loved him to an unusual degree, and I felt that all the difficult days ended did not return again and after four months divorced her in absentia Send a dowry check late marriage to his uncle kept asking herself for the reasons for divorce There was no merchant in that small town in Pakistan whose name was Issam Mo'men and they went to the matrimonial house and discovered that the house was rented. He left the house and felt at that period that she was blind She She did not ask her uncle about the dowry check and then she knew she was pregnant in the third month They tried with her to persuade her to abort the child abort her son, but she insisted He asked her how she could take care of the child and you were blind, but she refused to abort the child, even though she desperately owned her. She saw life with the eyes of his blind lady until a letter came from her university telling her that she was appointed to the schools in the early days. These circumstances made her not know that she succeeded from the first. She was going with her friend to her was appointed with her in the same school were going with us and when she gave birth to a daughter named Nur and was going to work and put her daughter in the nursery until she reached her daughter age 3 years and one day I heard her uncle beat her daughter and heard her daughter cries from here decided to leave the house was not with him Only a simple salary but her colleague An ilham professor is helped A residence in the same architecture where living room, bathroom and kitchen At a small cost and asked her friend Is the professor is sitting next to her now Shehrazad said yes and now her daughter Noor at the age of 11 years as gold and gifts left in her grandmother's house in dislike anything reminiscent of her ex-husband and kept talking

After that, Shahrazad went out of school to go towards Sharif Khan and kept talking to her about the school incident and wanted to know her himself by his work because they did not talk to each other while they were in the store and during the talk Sharif Khan saw Shahrazad's husband hiding and Sharif was trying in his sense of humor to make her laugh And her husband saw her She was smiling and then left Shehrazad Sharif Khan and left home and Sharif went to his clinic. Shahrazad's husband had gone behind Sharif Khan to know who he knew he was working as a doctor while her husband Imran was torn from the inside. Sharif Khan did not think about the damage to Shahrazad. He sees that it hurts her honor and she did not do anything but she is the wife of this man a lot of people when ignite within them anger does not know what harm they forget wisdom and reason in many times we deal with people in good faith and do not expect them to plan us machinations was ,Shehrazad deal with him in good faith

Chapter III

While the ilham teacher was heading towards her house and with her blind Shadia heading home she saw people in the street where there is the architecture where she lives where they live in a slum in that small city inside Pakistan pulled the attention of the people gathered next to the architecture in which she lived approached suddenly approaching change The color of a face and shined tears in her eyes Fraat her 23-year-old son lost consciousness because drug users kept looking at him and exclusively cut her heart like she wishes death I heard the words of people say that this young man who was one of the first student son of the esteemed teacher Mr. Osama Musa and his mother teacher Professor ilham how the drug tried to lost so was the words of people torn it the hardest thing to see your son who you dream of a brilliant future lost such and lost consciousness always because if absent mind what differentiates man from the animal asked some young people to carry him on their shoulders and entered her house behind Her husband takes blood pressure medication because he feels high He takes blood pressure medicine because he feels high blood pressure because he saw his son lost consciousness in the street and introduced young people to her son who claims Siraj and thanked them and went out and stood still looking for her husband as if they were talking to some of their eyes and then entered their bedroom and entered her husband behind her says Why did I bring it from abroad, people told him to talk aboutin the street and then took a deep breath and said to him Do you remember when we learned that he is taking drugs Do you remember what we did tried a lot to treat him and went to many specialized hospitals for treatment of addiction was running away from there when we had despair expelled him out of the house what he did was stealing People did not know that he was doing this until he stole a neighbor and complained about his actions so they decided to make him come home wake up on the nightmare The most difficult thing for any mother give money to her son to buy poison drug in her hand Drugs spread in that small city inside Pakistan in an unusual way in the streets Distributors Drugs Children aged 12 years standing in front of schools and villages and when the police know they are killed, and the same architecture in which Shadia blind live a 63-year-old lady named Khadija has two married girls born Her son named Jalaluddin Askari in the Pakistani army where Pakistan is one of the countries that have many enemies such as its ongoing war with India and others injured her son during the bombing of an unknown destination suffered a coma and his mother every day go to the army hospital to reassure him and Khadija had gone to the hospital such as Every day she stands in the hospital in front of the intensive care room looking at her son but she has a strong confidence that her son will continue to resist the disease for her and went to ask the doctor about her son's condition and the doctor tells her the same dialogue every day that her son is still in a coma difficult to heal and she always tells him that Her son will regain consciousness villages And that her son is the one who will bury her and that God Almighty will oversee her because her son was her support was when he took his leave from the army was going and working in construction to bring money to buy her medicine and that she always sees in a dream that her son will recover consciousness from the coma and the people of the city Pakistan is celebrating with her The doctor smiled and told her Amin Lord of the worlds went and left her doctor and the doctor told his nurse that he feared that her son died will harm that hated mother and th believes that people will celebrate with her and do not know that people as a result of stress life does not feel no one and only celebrate cricket ball, And sometimes our hearts and dreams tell us messages that we cannot explain at the beginning, but for days there is another opinion. The most important question is whether her son will come one day and wake up from the coma and will the day come but the most important question is whether people will appreciate those sacrifices Sharif Khan went home after the end of the clinic. The symptoms of medication on his wife had become apparent. She sees audiovisual audiovisuals, hears voices, and sees people who are not expressing something that has become a lifeless woman Sharif Khan was pretending to be afraid of her and at the same time wanted to feel that she was crazy she had a strong confidence in him and at that moment I felt the extent of her love for him felt regret for what she did against him was the reason for betraying him is the elimination of many times alone, which made him to be easy prey For any women fisherman, many times when we feel sick, there is a conscience, and while Shahrazad's husband sits silently in his house, he thinks about the man he was calling and tells him about the betrayal of his wife. He kept thinking and did not talk lost. She tried to talk to him, but he left her. She did how her husband became stray all the time They were always joking about each other and she remembered how he always spin her and she was patient with lying to herself that he had problems at work so he is stray in many times and we lie to ourselves and we always make excuses for fear of knowing the truth and the most important question is whether we will bear the truth, and while she was a teacher ilham sits in her house helping Bint Shadia, who claims Nour in the reference of her lessons were Bint Shadia is not blind and like her mother Then came a phone call to tell her that he She was nominated to Umrah in the Charity Foundation of The businessman, Amr Shaheen, rejoiced a lot and cried because of the severity of the joy, she still thanked those who told her on the phone, then I asked him who is talking to her who was he told her that he is the director of Amr Shaheen's office and that she should come tomorrow at 7 pm in order to know what is required of papers the papers. After the phone call, she kept loudly shouting at the neighbors. Neighbors heard her shouting until Shadia was blind. On the stairs of architecture I asked people said to her that the sound of the house of Professor ilham and Shadia came down with the neighbors and knocked the door neighbors and entered the house and the ilham teacher appeared on the face of overwhelming joy and asked her about the reasons for shouting said her role came in the lottery, which is done by businessman Amr Shahin for his Umrah and pilgrimage Adrien asked Shadia how they told her that businessman Amr Shahin does a lot of work each Umrah for his and Hajj and send the name and address and investigate us and when they know that they have never gone Hajj or Umrah and unable to choose a limited number of people Twice a year and then I asked Shadia from Amr Shahin Everyone told her that he is a man who helps the poor and For processing brides and that he is a very gentleman was ilham and neighbors love businessman Amr Shahin to an unusual degree where in many times people draw representation of some people and they do not know the other side of them the most importante question is they

do so, For the sake of good for other things,

Chapter 4

The next day, Doctor Sharif Khan was watching Shahrazad without feeling. It was always expected that Shahrazad's husband would be watching her. Farad would always confirm her husband's suspicion about her. She was always pretty simple and despite her clothes being put, she was a beauty queen when Shahrazad came out of school. Who turned to her and talked with her was fabricating any topics spoken based on the sense of humor enjoyed while her husband was hiding watching them behind them smiling and then went away to her home Shahrazad never suspected Shehrazad was never in it was always well thought in people As Sharif Khan went to his clinic did not This was not enough evidence for his wife In the evening, the ilhma professor went with her blind Shadia and her daughter Nour and entered a large hall and sat in the first row waiting for businessman Amr Shahin and after half an hour came Amr Shahin and entered the hall and sat on the podium and at the beginning stood to deliver the sermons and during a modern eyes By chance, Shadia was blind, a little confused and sweating, then he stuck and gave the sermon. He said that he was trying to help the people and provide all the needs for those who were not able to get engaged. The sermon was like the other sermons which always talk about their sense of the poor, but his eyes were always on Shadia. People had a week to prepare the passport and came down from the podium to shake hands with the people in the hall with people shouted and went down to shake hands with people one after the other until he approached Shadia the blind and extended his hand to shake her hand The ilhma teacher said that she was blind and shook her hand and then went towards her daughter and asked her whether she is your daughter said yes Her name is Noor before the girl's head and told her where her father said she died and then completed handshakes on the rest of the audience and went out tense and stray, and in the house of Imran Shahrazad's husband came a phone call to Imran from the same person to confirm his betrayal of his wife in the store told him that he heard his wife was telling him that she did not Feel happy with him and cut the man Imran did not remember the sentence that was said to him by his wife Sharif Khan in the phone when she was begging him to return to it because she did not feel happy only with him and then overflow with enough and decided to go to Sharif Khan in the clinic to know him why waiting for his wife in front of the school and the phones that confirm The next day Imran goes to Sharif Khan in his clinic to talk to him about his suspicions to find Sharif Khan making fun of him because he believes this nonsense and then tells him sarcastically do you think that she said She did not feel happy but she is with him and kept laughing b Loud voice as if he wanted to confirm his skepticism and looks more like the looks of foxes After Imran heard that sentence began to doubt Imran was not in front of that sentence and asked how he knew how he knew how to know that sentence, denying Sharif said that he wanted to joke with him only then run He wanted to kill her and Sherif went out behind him because he felt at that moment that he would kill his wife. He was afraid of Shahrazad and he felt the crime against Shahrazad. She was sitting in the bedroom, and she was beaten in the bedroom and then asked him why he did all this, accusing him of treason and desecrating his honor and he kept in fatal terms. By her honor those phrases and sentences were Stronger than the swords even became shaky look to him as if you do not know shadow beat her and put his hands on her neck to kill her, that moment was a recipient of her ability did not try to push or repel, but she was a recipient uttered her last breath Recipient to die as if he was welcome to kill her and welcome to kill her and enter Sharif Khan and save and fight married life over between and your He   would come out when he did not want to see her Shehrazad remainedover between and your He   would come out when he did not want to see her Shehrazad remainedShocked she kept asking herself how and when her husband doubted that she could not be a source of confidence for her husband and then took Sharif Shahrazad took the bag of clothes and came out was sad lost recipient of sorrows and pain and then asked Sharif Khan why did not try to defend your life looked at him and the voice of Yas Shahrazad told him that she I did not inherit from her family money but inherited the good reputation honor is the crown that puts on her head when accused of treason I felt that she fell in the mud and felt that she chooses to live without honor or die die I chose death and then as if she doubted in herself whether something happened between you and me in deep silence Tears were shed from her eyes like raindrops complaining to God Sharif Khan Shahrazad arrived by car in a small village next to the small city inside Pakistan, where most of the people were asleep. However, it was not too late for others who lived in their homes at night. Shahrazad got out of the car and asked Sharif to leave, but Sharif Khan kept watching her without She felt it and went to her home and knocked on the door of her parents' house opened her door to see her daughter crying shed tears from the eyes of her daughter as a heavy rain The mother shook as if she became shocked distracted do not It happened, and soon Sherazade included her mother, as if she was like a child. She wanted to heard .hide in her mother's bosom, and the door remained open. The mother did not focus mother talk of her daughter in her arms and was shocked lifeless tears from her eyes in silence hear and interrupted in vain Sherif Khan was watching them from afar felt that moment slaughtered and fighting in cold blood did not doubt Shehrazad was born out but had a strong confidence her daughter tried to stick She was a strong supporter of her daughter. She tried to be strong from the outside, but from the inside, he was torn apart and shattered. Then Sharif Khan went to feel guilty about them. Sharif Khan remained awake all night and it was a difficult night for everyone. To him it was not calculated that he would taste from the same cup Betrayal, which tasted a lot because of him Imran gives himself the right to enter the homes of others without asking for much dispersal and ruined the homes Exploited and Exploited and handsome and intelligence to hunt married women was preferred hunting married so as not to be committed to marry them was seen himself like a bird who flies from one nest to another And often left the children of their children for their husbands, but he was not always keep his promise to them did not fear the day of crying and shouts of a child to his mother heard God Almighty and avenge for him how many of the father questioned the lineage of children when they knew betrayed their wives such as Adel Mehran that simple traders Who was spending his day in The pursuit of livelihood Most of his family did not know that there is no one trying to hunt his wife even on the day his sister told him that she saw his wife with a man in his house during her visit and when he knew Adel Mehran rushed to his house behind his wife had escaped and left him his children because she knew that his sister would tell him was his wife's family Immigrants abroad for years Adel Mahran questioned the lineage and children because he thought it was betraying him for a long time and decided to give up his children were three children aged 10 to 6 to 4 years became living in the street when you see them see that they grew up prematurely these children came lost family and home and a sense of security and safety And the sense of family harder children learn the first lesson in life and the loss of the family and become Kpaar they are children

Chapter V

While Sharif Khan was sitting in his house thinking and asking himself why he was afraid to know that Shahrazad It was the reason for what happened what happened to her, he could not answer his question.His pictures of Shahrazad are crying awakened his conscience, which I think died is the easiest thing to take your right but the most important question will you bear the torment of conscience, While Shahrazad was sitting in her room she could not sleep, she was crying because Imran did not make in her remembrance attempt to kill her that night cleared all the beautiful days no longer remember but insulted her crying because he believed this nonsense Did not ask what is behind what happened it but the most important is how to believe Her husband, her mother, stood at the door of Shahrazad's room and tried to enter Must But in fact, her mother needed to Yossiha was feeling the oppression of the luck of her daughter where she was the only one of her parents and her father had died before her husband and in the morning Sharif Khan stood in front of the day waiting for her was with him made him for the first time trusted While Imran's ,school oldest sister was Shahrazad's neighbor, Shahinaz, where Imran Ali Shahrazad knew during his visit to his sister, Imran knew that he was a woman He was trying to catch her when she but he did not succeed. She was different. After several attempts, he ,was behind Shahrazad decided to marry her. Dwell in a small village in this D Small soft inside Pakistan

Shahid's mother insulted Shahrazad in the street. She insulted Shahrazad in front of the door of Shahrazad's house. She screamed Shehrazad was born in a face that defended her daughter strictly, but she saw in the eyes of the people that they believed that her daughter was notorious. They entered the house and oppression and storage filled their hearts and ask Shehrazad herself how her neighbors believed them this nonsense, and in the evening had come to Sharif Khan to the house and noted that his wife worsened her cases because of the medicines that Sharif Khan gave her to work audiovisual hallucinations to feel that she became crazy I even believed it was crazy to look Ley Sharif and her eyes are full of despair as if she believed that it was already crazy was a shredded woman shredded lifeless tried to summon her strength and went to the mirror and looked for herself as if she saw another woman saw her face ugly and then cried and then took her to Sherif Khan to her bed looked at him and at the moment sincerity with herself I wanted to confess to him. She told him that when he applied to marry her, when she saw him envied herself on his character, she loved to marry him. Faint from the moment of knowledge The truth was not She knew that she knew her secret I looked at him and regretted and crying filled her heart asks to forgive her Lily was in the most sincere moments of her life She felt the extent of her sin when she was looking for a woman she saw I met her was Sharif Khan standing beside her feel tortured conscience killer but Sharif Khan did not have any intention to forgive her but Sharif Khan decided to bring her family and her family to see her in this psychological and nervous situation. When she told her that Sharif Khan agreed to enter a special psychiatric neurological hospital and took her to the hospital and looked at him. About sin her door A woman smiled, sorry who regretted her, left him and entered her room in the hospital with cold looks, asking for pardon and a strong feeling of remorse. Sharif Khan was not satisfied with that, but Sharif Khan was given money to the director of the hospital so as to give her .electricity sessions constantly

Chapter six

While the ilhma teacher came out of the house after saying goodbye to her husband and was trying to say goodbye to her son, but her son did not feel her presence because of drugs and then called the neighbors and went to the car that will bring the people who came with her name in the umrah and then stood waiting for the bus that will take them from the city of Pakistan The airport saw the sons of the people going with her to Umrah how the children accept the hands of their parents and show them the pain of separation of their parents and remembered when she entered the room on her son to say goodbye was not felt anything inspiration was looking for the sons of people who with her shine tears in her eyes many times The most difficult thing to feel deprivation of your son is alive and the bus came and took her to the airport and then traveled inspiration, and in the evening businessman Amr Shahin was sitting in his office and entered a man working with him named Ali Khan told him that his truck The drug arrived and was sold a few hours after his arrival. The man who called Ali smiled and told him that the main reason people trust the police is charity. He was arrested and told him that your order were implemented Kill them Shadia got out of the school and Amr Shaheen got out of the car and asked to speak with her in private. He told her that his car was there and that he wanted to talk about a very important topic. I thought a little, then I agreed, then they went by car to the finest restaurants in this city. The restaurant was reserved for them only. I went in with him and helped her to sit. Then the bell came and He asked them what to drink. Ask for lemon juice. Omar Shaheen asked for coffee. The bell came out, leaving them. Amr felt that Shadia was asked Shadia what she wants silence as if he wants to summon his courage he told .tense her that he wants to marry her and quickly answered Shadia without thinking and said I do not want to get married Amr Shahin told her why Shadia said that she decided to devote her life to her daughter and then came The Gerson put the drinks He came out and left them Shadia told him that she must go stood and then told her Amr Shahin in the name of Dalaa was her ex-husband nicknamed him is my princess sat on the chair as if she fell and said Shadia Issam believer why you called yourself Amr Shahin told her the fame In the market then I felt shortness of breath but tried to She kept silent and waited to hear what he would say to her. Then Amr Shahin told her that when he left her he went and traveled to Greece and did not know when he would return so he left her that now he wants to live with her and with his daughter amazed Shadia told him how she knew she was your daughter. Nothing then said Shadia Do you know why I left my grandmother's house because my uncle hit my 3-year-old daughter left gold and gifts and everything from you because I hate anything from you Do you know how a blind woman raising a child on her own when she

When my daughter is sick I feel I die I endured a lot and a lot Her father loved you did not tell her daily that her father left her and did not escape I wanted you not to feel the same feeling as my baby when she left me and my family told her that Amr Daughter needed a better social level and that he could take her by the law.Then Shadia told him she was angry that the judge was finally a human being when he knew what she did. Amr never told her that he did not want to grieve her, but with the money he could buy her uncle to testify that he had divorced her on her will, but because he loved her, he was unable to stand in front of her and then Her bag up the mobile phone from her bomb and recorded his number, then I called from her phone on his phone and recorded her number. get out of my lifetold her it is not in my hands no longer I can not bear the pain of separation again and then stood out to extend her hand to help her screams in the face and said leave me I do not need you reached out trying to feel the exit felt at that moment she was blind I asked Jerson and told him where to be and explain to her barkeeper where exactly where but her sense of ex-husband He can deprive her of her daughter to make her walk in the street while she is lost while Amr Shahin saw her because he was afraid of her I heard the sound of cars while she was walking and a car approached them and was about to be impacted and fell on the ground of fear The man came down from the car and told her how to go and don't look right Loud everyone heard him and said I am blind and cried around the people and the owner of the car took her to take her to the place of her house while Amr Shahin was watching and feeling sad for her

seventh chapter

In the evening, Amr Shahin called her to check on her. She turned off the phone and kept She was .crying. Shahrazad came to school. She had been away for 10 days from the school always waiting for Shahrazad in front of the school until she came to see how she became sad. She was no longer as happy Sharif Khan has always been waiting to talk to her, but he did not dare to talk to her. He was standing in front of the school door watching her from afar. He wanted to know that behind what happened to her he asked himself very much why he was afraid to know Shahrazad the truth did not know the truth of the feeling he felt he had not tried it before and two days later while Sharif Khan watching her from afar Shehrazad was preparing to get out of school already Shehrazad went out The school saw Imran in front of her was a pale face inclined in color He turned to him and asked him why he betrayed him. Omran told her that he considered her the wife that God sent him for his gift and after. About lusts and sympathy everyone with Imran crying Imran told her that he loved her to the degree of madness left freaks and lusts for the world for her Shehrazad tried a lot to defend herself but did not hear her turned Shehrazad saw people around her from all sides as if she fell into a mud pool without end and Sharif was standing from afar, enjoying their conversation the dialogue was the melody Sharif Khan waited a lot, but Sharif Khan was never happy with his victory because Shahrazad then went to her home and went and entered her home telling her mother what happened to her that she wanted to move to work in a school in another city does not know one of the mother agreed that she felt that Hard to live here Pakistani society has a strict customs and traditions and people adhere to those customs and traditions without thinking the size of the truth The next day Shehrazad went to school to see the views of shop owners next to the school Shehrazad felt that that short distance school as if it takes years to cross that distance and between them Some Sheherazade entered the school people believe that some do not speak or ask all seen only and went to apply for transportation to a school in another city and soon the principal agreed as if she wanted to cleanse the school from The notorious teacher, wondered Shahrazad was thinking that the principal will refuse at the beginning and asked her to leave, especially since they were on vacation at the end of the year Director agreed to leave at the time of departure and met with Shahrazad and met with Sharif Khan and told him that she made a transfer request from the school and have her opinion and asked her to change the Mobile Phone Number So as not to disturb her bother her one Sharif Khan believed that if Why don't Omran Police   she traveled Shahrazad will relax his conscience and said why complain because he tried to kill you and he was ready to testify with her and looked at him and said Shahrazad him not courage to destroy Imran more than that it is responsible for what happened to him Because she did not realize that Imran was suspicious and then silence rested her courage said no, but she was afraid of knowing the feeling of Imran towards her when he was always Stray during their marriage and that her father taught her tolerance and this is not weakness, but the ultimate force to forgive and you are strong and then told her that this weakness I looked He smiled and said to him that this is the ultimate force, but you can take your right and you forgive no She was scared to be unjust and thanked Shehrazad Sharif Khan Ali who stood next to her during that ordeal and that he did not meet a nobleman and the morals of Sharif Khan and Sharif felt guilty towards her that he was discussing himself and had a strange feeling towards her. He tried to resist this feeling he did not know that during his observation To her he will love him that he will be attracted to his beautiful spirit that sympathy and guilt turned to the love of Sharif Khan did not try on a day meaning love kept denying what is inside and trying to ignore this feeling

And the next day, he decided that Sharif Khan would go to the school and enter the teachers 'room and teach them that Sherazade was on his leave and he was carrying in his hands the Holy Qur'an to swear to everyone on the Qur'an that nothing happened between him and Sherazade, and he told them how you believed that your colleague who was with you that they did so already remained They looked at each other and really believed him Sharif was not satisfied with that without wanting that if Sheherazade left to not tell her husband and he told them that he was mentally ill he wanted to kill his wife without evidence and take them to a store to see that it is difficult to see what is happening in the store because the store window is very high and small covered with a wire of very small boxes It is difficult to see who is actually in the income To everyone who spoke and went to Her uncles and uncles of Shahrazad, he did with them the same that he did in school. They really believed him and came calling from her friend Sherazade telling her Ali who did Sharif Khan smiled at Sherazade, but joy remained incomplete because Imran divorced her still believing her betrayal while her mother was going to visit her husband's grave telling her On what happened to them, she told him that all the beautiful days ended after his death, that she feels powerless and that her neighbors believed that her daughter was notorious and accused of disgrace, and they no longer remember their neighbors 'memories of past years and how they were united by affection and mercy and that she wished she would die next to him to rest from the people's talk that they would They leave the Raya today cried as if she did not want to leave her village in this way, and in the dead of the night Shehrazad went out with her mother carrying their items as if they were afraid that someone would see them. They went out without saying goodbye to the smugglers or outlaws. They asked the driver who came late with a man to carry some furniture they asked From him moving the furniture without the latest noise that someone actually saw them installed the car The most difficult feeling for a person to get out of his country that way was Sheherazade was born wishing to die in her country as she lived his life in that small village and was sleeping while feeling safe and satisfied they left two things without support or back Sheherazade then traveled to live in her maternal uncle's apartment Little Ge, Imran did not know anything about her uncle's apartment, and a few days later, Sharif Khan went to Imran's house to talk to Imran. Surprisingly, when Sharif Khan sees, he cannot stand looking at a face to ask him why I came to get Sharif Khan out of his pocket. Photo of him and his wife on their wedding day. Here he knows that Imran's mistress was the wife of Sharif Khan. From here he knew his answers to his questions. Sharif Khan told everything about how he planned and arranged for the sentence that he told him is the same sentence that he heard his wife tells him, but the difference is that Imran's wife was an honorable woman you know the meaning of honor, but Sharif's wife Khan, despite all the decent life he gave her, was not honorable. She was weak. He wished to ask To divorce him instead of betraying him, the feeling of betrayal is the most difficult feeling a person feels with a deficiency and he always wanted to kill them, but the fire of revenge is stronger than killing, then he asked him whether I felt illiterate. He saw her at his friend's wedding, so he kept watching from afar and heard her talking about her husband's constant absence from here. He knew how to take advantage of her weakness for the absence of her husband and he made up coincidences to get to know her. She already sought Laila for his words for his mark and for the intelligence in managing the dialogue and remained with her for a year until he married Shahrazad he did not know It will come the day he pays the price of his betrayal Others through Sharif Khan did not expect that there was anyone smarter than him. As for Sharif, he was asking himself why he was afraid to know Sherazade that he was the reason because he would not bear to know Sherazade because he loved her at a time when he believed that he no longer trusted any other woman Sharif Khan was not afraid Whoever confronted Imran or anyone else, he thought he was right, so he was not afraid of facing Imran, so he had the courage and puppies enough to confront everyone.Shehrazad's problem was that Sharif loved him, so he became afraid to know the truth. If Sharif had not loved him, Imran would explain everything when he saw him trying to kill her. But at that moment, he could not stand it and held his tongue and remained for days and days So in front of the school, I hope that Sharif will see her, even though he knows that she was transferred from the schooland let them know that Shahrazad was on vacation. He was in his hands. He had to swear to everyone on the Koran that nothing happened between him and Shahrazad. He told them how you believed that your colleague who was with you had already done so. Look at some and actually believe him Sharif did not do so without wanting that if she left Shehrazad not to tell her husband and told them that he was mentally ill wanted to kill his wife without evidence and took them to the store to see that it is difficult to see what happens in the store because the store window is too high and small covered with wire very small boxes It is difficult for the mirror to see who is in the income already sure For all of his talk and went to Her uncle and uncles Shahrazad do with them the same as he did in the school actually believe him came came from the friend of Shahrazad tell her Ali who did Sharif Khan smiled Shahrazad, but the joy remained imperfect because Imran divorced still believe her betrayal while her mother went to visit her husband's grave tells her About what happened to them, she told him that all the beautiful days ended after his death to feel helpless and that her neighbors believed that her daughter is notorious and accused of shame and no longer remember their neighbors memories of the past years and how they were gathered by their affection and mercy and that she wished to die next to him to rest from the people talk They leave the Country today cried as if she did not want to leave her village in this way, and in the middle of the night Shehrazad went out with her mother carrying their object as if they were afraid to see them came out without saying goodbye to anyone Like fugitives or outlaws the driver who came late with a man to carry some furniture From him moving furniture without the latest noise to see them already rode in the car The most difficult feeling for a person to get out of his country that way She was born Shehrazad wishes to die in her country she lived his age in that small village and she sleeps feel safe and satisfied they are gone without support or back She then traveled to live in her uncle's apartment Omran didn't know anything about Her uncle's apartment and a few days later Sharif Khan went to Her   talk together. Imran is surprised when he sees Sharif Khan. He can't stand looking at him to ask him why he came to get Sharif Khan out of his From his pocket, a photo of her while he was his wife at the wedding. Here he knows that the mistress of Imran was the wife of Sharif Khan from here knew his answer to his questions has told Sharif Khan everything how he planned and Intrigues the sentence he said to him is the same sentence that he heard his wife tell him, but the difference is that the wife of Imran was a woman Sharifa knows the meaning of honor, either Sharif wife Khan, despite all the precious life he gave her, was not Sharifah, he was weak To He was hoping to request the end of the marriage him instead of His betrayal that the feeling of betrayal is the most difficult feeling felt by a lack of human and always wanted to kill them, but the fire of revenge is stronger than the killing and then asked if he felt illiterate Omran looked for him and remained silent and then left Sharif Khan and came out at that moment Ray Imran last in front of remembering Laila and how he caught her view at a wedding A friend of mine kept watching him from afar and heard her talk about her husband's absence from here. He knew how to exploit her weakness because of her husband's absence and became a coincidental to recognize her already Lily admired him For his beautiful spirit and intelligence in running the dialogue and remained with her for a year until he married Shahrazad. He pays the price of his betrayal to others through Sharif Khan did not expect anyone to be smarter than him. Sharif was asking himself why he was afraid that Shahrazad would know it was the reason he would not bear to know Shahrazad because he loved her at a time when he thought he no longer trusted any other woman. Sharif Khan was not afraid to face Imran or Anyone else thought he was right, so he was not afraid to face Imran. He had enough courage and puppies to face everyone. Sherazad's problem was that Sharif loved her and became afraid to know the truth. If Sharif did not like her, he would explain everything when he saw him trying to kill her, but at that moment. He could not bear to face them and held his tongue and remained for days and days standing in front of the school Ali I hope Sharif will see her even though he knows she has been transferred from school

CHAPTER IX

While Imran was looking for Scheherazade everywhere he went to school and told him that she resigned And went to friends Shahrazad He went to his family Shahrazad and denied that they knew her place because they believed Sharif Khan's words that Imran wanted to kill her because he became mentally ill tried to kill her before on the day Imran watching TV is stray behind Presenter of a television program with a young child looked at this child as if he knew him and remember that the son of one of the women who was hunting them and that that woman left her husband and her children and dispersed her family for him and filed a divorce on her She tried to marry him but is as usual breached all promises heard the child At the age of 8 years he cries and tells The extent of the cruelty of his father with him and avenged from his mother in him, his father was torturing him until the neighbors noticed this and informed the police and rescued the child who congratulated Omran knew how dirty his actions suffered by a small child abandoned by his mother and tortured his father because he felt that his mother left him to live her life and held the child responsible for abandoning his mother We have always seen in all countries of the world the phenomenon of violence against children We hear about human rights organizations, but we need laws deterrent to this phenomenon and most importantly we need humanity and mercy We see a mother abandoned her home and her children and father transforms the lives of his children to hell, and they wanted to know Imran all his mistakes to taste the torment of conscience Had it not been Omran If he tried to hunt that lady, but this child lives among his parents and has not been subjected to this torment from his father at times,some Men enjoy hunting women without regard to the extent of devastation and pain suffered by the rest of the family because of the dispersion of the family, while Sharif Khan no longer bear Separation Sharif Khan tried a lot Resisting his love for Shahrazad because he thought that this love was revenge for God because he oppressed that woman did Sherif Khan traveled to Shahrazad and went to Shahrazad school there and surprised Shahrazad and asked him why he came and told her that the reason for his presence was to work that ,he would open his clinic in this city

Chapter ten

While the husband of Elham's teacher, Osama, sat reading the Holy Qur'an and entered his son asking for money to buy drugs, but he shouted at his son's face saying to him that there is no money he gave all the money to his mother because he feared that she needed money in her travel and then went to take the phone but her father tried to stop him and then caught The young man had his father's arms firmly and defended his father's back in the wall. Several pushed and tears fell from his father's eye. Bleeding from her head heard Shadia and the neighbors screams Her daughter before she lost consciousness, she ran until she reached the stairs. I heard the neighbors talking on the ground floor, she speeded down and asked them why my daughter cried until her daughter's feet were stretched. From her head she screamed and then reassured her the husband of the important teacher Professor Osama said she lost consciousness and that he will take her to the nearest government hospital and then one of the neighbors told them that the nearest hospital is miles away and that the hospital near here is private and she needs a lot of money Shadia cried because of the intensity of her fear for her daughter and she was Ready to burn th A whole pain a lot of times due to the harsh conditions that make us take some harsh decisions . For us, the blind Shadia asked one of the neighbors to bring her her phone, she actually went to one of the neighbors and brought her phone and asked Professor Osama to take the mobile phone calling Amr Shaheen. Her words and contacted Amr Shaheen and he gave her the mobile phone. When the mobile phone rang behind Amr Shaheen, Shadia's name was on the mobile phone screen, he answered quickly. Shadia said, crying that his daughter was bleeding. He asked her where you said to him at home and Amr Shaheen told her to go to the nearest private hospital She gave the phone The cellphone of Professor Elham's husband was answered and described to them the closest private hospital. Amr Shaheen told him that he was coming. The husband of Elham's teacher was, and the neighbors were surprised when they heard of the conversation, but the situation was not normal. The driver ordered that he go to the hospital and informed him in the name of the hospital. Indeed, Shadia, the blind woman, arrived at the hospital with her daughter and neighbors and took the child's doctors to the operating room to stop the bleeding from her head. In order to make sure that there was no internal bleeding in the brain within minutes He died and went quickly to a doctor to know his daughter's condition, and he knew that she was in the God willing, while .operating room to stop the bleeding. Amr Shaheen returned to Shadia the neighbors and the husband of the important professor were surprised, but the circumstance and place does not allow him to ask him thanked Amr Shahin neighbors who came with her and told them that he will remain with her knowing how surprised but the circumstance does not allow any questions or answers and went out and left and Shadia with Amr Shaheen to stand in front of his operating room and asked her why it happened so I told him everything that happened when he knew the reason knew that he was the main reason in each event if he did not sell drugs did not become such young people remained silent and then told her that he is responsible for what happened to his daughter Shadia said What do you say how responsible you are then silently tried Amr Shahin summoned his strength Amr told her that he is distributing drugs to all the dealers in that city without knowing the traders who is selling them the drugs. Shadia was shocked and told him that your daughter is in the operating room because of you and is doing charity work and you are killing many young people. And unfortunately everyone loves you and trust you blindly trust then remained silent in many times makes us the causes of God repentance and do not know how to repent some people on strange reasons how a man strongly and cruelty Amr Shahin weaken through the incident of his daughter is because he felt that his daughter suffers from His actions then tried to gather strength to complete his talk He told her that when he left her in the past and fled not because she thought marriage was fun but because he left her because he felt weak in front of her, he felt his love for her would weaken him and he feared for himself from this love, he feared for himself from the purity and purity he had dreams But after a lot of years he discovered that he was never happy until after her at the charity concert was thrilled and then said Shadia do you expect to come back to you as a drug dealer told her that he will leave this trade, especially after what happened to his daughter He promised her that, then Shadia was silent until the doctor came out and told her that he did not She had a bleeding in the brain only a concussion will disappear within days and he will remain in care for a while until she is cured many times we feel that God Almighty will not give a chance to start again because of that incident Shadia knew that she was not her husband married her fun marriage was Always hurt because of this feeling I felt the importance of the presence of her husband with her at the time that she felt helpless when she was dying in front of her eyes that she was ignoring the disclosure of love for him because it was the first and last love in her life was among them beautiful times tried to ignore the disclosure of those times but did not forget Amr Shaheen never raised a lot of money and you I missed happiness and he was always worried that he would be arrested. He missed those beautiful days that he had with Shadia. He did not forget those days, but he did not have the courage to come back to her until he met her by chance. A beautiful mention in our lives we continue to derive those days and this is what happened with Amr Shaheen, his age is derived for those days and then Shadia slept in the room dedicated to the family of the patient was old Shaheen slept on the other bed and woke up in the morning and Shadia came down from the bed was going Vkhbtt in the other bed reached out It is Amr Shahin and Omar woke up And took her and went to the care to reassure her and Shadia grabbed the hand of her daughter and kissed Amr Shahin was shining tears in his eyes and then took out the doctor to give her medicine Shadia was silent while he was like to speak but did not ask her to speak and then told him that she agrees to marry him but it To date her to leave that trade with joy and promise promised to her after her daughter is cured will tell her about the marriage and that he is her father and to tell her because she was angry with her father so she did not tell him that the order of pregnancy so he did not know that he has a girl many times push us life To lie for those we love

Chapter XI

It was three years during that period that Sharif Khan married Shahrazad and at first rejected him Shahrazad but he did not despair until she felt the extent of Shahrazad love of her and that he always supports her in everything because the reason for her refusal that she sees herself just a broken woman is no longer have nothing to offer him is pain The pain and distrust of men, but his love for her was strong, he could not pass a day without seeing her and he loved her without hope he loved her so much that he had satisfied her with her from afar. He did not know the meaning of love. He plans everything and calculates everything life mind and thinking was the first time tried the B. Cruelty and happiness Love had no account in his life until he got acquainted with Shahrazad and her love to the extent that he did not care about his family's rejection of that marriage so threatened him with his passage for a lifetime, but love made him like the blind does not see or hear except the voice of his heart was not to know that happiness other aspects other than work and despite All his attempts to make Shahrazad happy was always unhappy. Sharif Khan in Shahrazad loved his past humor, humor and humor, and he was eager to have fun like that before. Was it easy for the executioner to marry the victim? If she knew the truth she would leave him and yet her love was very strong Sharif Khan Vangb year-old girl was married a year after it was unveiled two years once their marriage was the reason for his family he rejected Sharif this marriage, a belief that Scheherazade is just a woman extreme careerism betrayed her husband for a wealthy man rhythm it's a bad woman Reputable so did not attend the wedding

On the day Sharif Khan came in contact with his mother to attend the wedding of his little sister, Mona Khan. Sharif had no sisters other than me and then Farah Sharif when he learned of his sister's marriage and then went and asked Shahrazad to attend his sister's wedding. She did not want to attend, it was possible to go alone, but Shehrazad felt that she would be ashamed in front of his family if he came alone and soon she already agreed. They traveled two days before the wedding with her daughter and Shahrazad's mother and went Sharif Khan's family was happy to see him as his daughter while they .to Sharif's house ignored Shahrazad.However, Shahrazad tried to prevent any collision between them.He did not take Sharif to his house so he could not remember what happened.He remained in his family's house until the date of his sister's wedding.Sherif was trying to prevent any clash between his family and Shahrazad until the wedding day. In one of the luxurious halls in this small city inside Pakistan and the bride entered the hall and the people of the groom and the bride in the hall were looked at the people of Sharif full of contempt Scheherazade and they kept whispering with each other so everyone knew in the room the story of Scheherazade and how she betrayed her husband ignored Scheherazade the looks of the people in the hall and went fix her makeup in The bathroom went behind it One of the relatives of the groom had heard about that person tried to harass her and hit him Shahrazad Sharif noticed that Shahrazad is fighting with one of Sharif Khan went towards Shahrazad and heard insulted Shahrazad, where he described as just a notorious woman betrayed her husband for the rhythm of a wealthy man and that he was just a fallen woman Vahrak Sheriff Khan saw Sherazade in the eyes of Sharif that he could be killed for him and prevented him so as not to destroy his sister's wedding and Shahrazad rushed out of the hall and Sheriff ran behind her to prevent her he saw her crying and desperate and looked at him and asked for a divorce so as not to see him killed because of him and he has to meet the opinion of the people in it even if She was innocent and did nothing D because he could not live without her he adored her to the point of insanity and Shahrazad retreated from asking for a divorce to cry sherif khan and entered with him the room sheriff khan thought that the days will make people forget what happened he did not know that shame is not forgotten people and inherited from generation to generation in those The moment he knew the extent of his crime

Chapter XIII

In the morning Sharif gathered his family and told them about what she did that girl and that revenge for the betrayal of her husband and introduced her in the game is not relevant to her family surprised Sharif and felt guilty direction and agreed with them that he did not want to know that behind what happened to her and at night Sharif went to the house of Imran surprised When Imran saw him, Sharif Khan went in and sat down to talk and Sharif told him that he regretted taking his right this way to tell Imran that he was hoping to kill him instead of unjust revenge. Sharif Khan told him about his marriage to Shahrazad that he tried a lot ignorant feeling towards her, but God wanted to love him to He knew the extent of his crime and Sharif Khan heard the voice of Imran's wife Khan from Imran he married a year and a half ago he got married under the pressure of his sister because he feared depression and he wishes that Sherazade happy and told Sharif Khan about what happened to Shahrazad at his sister's wedding that he wanted to tell Shahrazad the truth, but afraid of shock if she knew She lost confidence in everyone. She endured so much that he did not want to destroy her. They sat down and agreed on things to do together to fix what happened to Shahrazad. They decided for the first time to agree together despite their dislike for each other. The next day Sharif Khan went to the psychiatric and neurological hospital where his wife Laila was. Sharif Khan I did not divorce her because he wanted to be The controller in her discharge procedures went to Lily and saw her talking to herself. He stood hiding next to the door. She heard her talking to herself and discovered to speak his name as if she saw it. She always saw Sherif every night she was spending in the hospital as she wished when she married him. She always wished to be with her constantly. A lover told him how much she loved him and regretted everything she had done to him. She cried whenever she remembered her betraying him. Sharif stood in hiding but could not enter to see her. He left and went towards the office of the hospital director. Sharif left the past behind when he married Shahrazad, but ignored her. From the hospital until the day of Hafif His sister's wedding that party, which was the main reason not to ignore Sharif for many things, including the exit of the night went to the director of the hospital and decided to treat her from the symptoms of medicines that took them for 3 years to stop the electricity sessions and gave the director money to treat them, although forgive me for what I did. He could not enter her room to look at her from afar and came out and left her,

CHAPTER XIV

Two days later, Sharif decided to take Shahrazad for a picnic and during the car to see the screen display written apologized from Imran to Shahrazad because he accused her of treason without foundation and Shahrazad got out of the car and remained crying joy because Imran knew the truth already drew the apology that screened all social networking sites Facebook to ask one Broadcasters had an interview with the owner of the apology to attend Omran to one of the television programs to talk about the apology asked the broadcaster what is the reason for the apology and says that he doubted his wife and divorced after that knew that the mold of one of the people between him and this person a problem in the past and he does not want to talk about the problem N this person smiled broadcaster and said to him fuller said Imran and although he did not have evidence with him sincerity of this person and divorced his wife and that now he wants to apologize to his wife for what he did with her was Shahrazad sitting watching television and weeping of joy was happy with this apology did not want to know who he is As much as he wanted to prove her innocence, which despaired to emerge in some days, at the same time, the son of the important teacher addict took an overdose in one of the isolated and abandoned areas of the population felt that he could not breathe was taking drugs, a young man who used drugs together when the young man noticed That he couldn't breathe he knew The magnificence of that young man with whom he dies, he fled. He was the son of an important teacher trying to distress him, but behind himself alone and in a few seconds behind his life going in front of him how he was and how he became behind all the suffering of his family with him and noticed his father hit his eyes shined tears behind how he lost his life without doing any Something other than pain and pain to his family took the last breath and teams of life without being felt by one and the same time dying addict wakes up from the coma that young man who was injured in the Pakistani army after a coma lasted four years and his mother need Khadija every day go

www.ingramcontent.com/pod-product-compliance
Lightning Source LLC
Chambersburg PA
CBHW021922040426
42448CB00007B/869
* 9 7 8 1 7 9 4 8 5 3 7 7 5 *